# みんなが納得！
# 家族で考える 財産承継

### 相続専門税理士×弁護士に本気で聞く解決策

税理士 **坪多 晶子**
弁護士 **坪多 聡美** 共著

清文社

# はじめに

　長年改正のなかった民法が、判例の変更や今の時代の実情に合わせて改正されています。遺留分の減殺請求から侵害額請求への改正、遺留分制度に関する見直し、相続人以外の者の特別寄与料制度の創設、配偶者居住権等の配偶者優遇措置の創設や自筆証書遺言の財産目録の緩和措置、法務局における自筆証書遺言の保管制度も始まっており、これらの制度を賢く活用するかどうかで財産承継を幸せに終えられるかどうかが大きく変わってきます。

　一方、数年来税制調査会で検討が重ねられてきた「資産移転の時期の選択により中立的な税制」の構築に具体的な道筋が付けられ、令和6年1月1日以後の贈与から、相続時精算課税制度に相続時に持ち戻す必要のない110万円の基礎控除枠が設けられました。また、暦年課税における相続前贈与の加算期間が、経過措置はあるものの、3年から7年に延長されており、資産家の家族への暦年課税による贈与は、長期にわたるものを除き相続税の節税効果が非常に薄くなったのです。この改正は本格的な改正を見据えた第一歩と考えられ、相続税の節税対策としての贈与は対象者、対象物、時期等を考慮した知恵がますます必要とされる時代の到来といえるでしょう。

　戦前の家督相続の時代と異なり、戦後民法では共同相続が一貫した原則であり、財産を次世代に引き継ぐには「遺産分け」と一体化で強化された「相続税・贈与税」という大きな二つの問題がそびえ立っているのです。今や、もめる"争続"や負担の重い相続税についての問題点を解決して、財産をどう承継させるかは、人生の総仕上げとして真剣に取り組まなければならない課題といえます。

　この課題に対処するための実践方法を本気で学んでいただくために、事例ごとに相談に来られた方々の悩みを実践的に解決する過程を全編会話形式でまとめるという企画を考えました。登場人物の相談者は一人ではなく、親子や夫婦、兄弟などです。家族が一丸となって考えなければ実際にはみんなの納得を得られず、財産承継が円滑に進まなかった数々の事例を踏まえ、相談者として様々な家族が複数で同時に現れます。

事例においては、相続争いでもめる家族に真剣に向き合い、民法・会社法等の広範囲の知識を駆使しながら問題を解決してきた相続専門弁護士、そして、相続税の納税で困った相談者に単なる節税を提案するのではなく、皆が幸せになるために税法と法律をどう活用すべきかに心を砕いて解決してきた相続税専門税理士を相談相手として登場させています。

　本書は3章から構成されており、まず第1章では相続と相続税の基本を本気で聞いてきた家族に応える形で、第2章では相談者の相続問題の解決の切り札でありながら分け方で納税額が大きく異なってしまう遺言書を賢く利用して問題を解決に導く形で、第3章では財産の渡し方や納税資金の確保方法、賢い会社活用など、具体的な相談事例を題材に資産家ファミリーの難問に税理士と弁護士が現在と将来において幸せになるための対応策を考える形で解説しています。

　相続と相続税という異なる専門分野を有する2人の著者が贈る本書で、資産家ファミリーの皆様に本気になって考えていただき、それが相続税と相続の悩みをすっきり解決する道標となり、家族の方々が幸せな人生を送っていただくうえで少しでもお役に立てれば幸いです。

令和6年11月

税理士　坪多　晶子<br>
弁護士　坪多　聡美

# 目 次

## 第1章 相続と相続税の基本を押さえよう！

- 事例 1 家督相続から法定相続の時代に …………………… ❷
- 事例 2 相続と相続税の基本を知る ……………………… ㉒
- 事例 3 民法と相続税法の違いと注意点 …………………… ㊴

## 第2章 遺言書をかしこく利用しよう！

- 事例 4 具体的相続分の計算は非常に難しい ……………… ㊻
- 事例 5 自筆証書遺言の法務局保管は安心安全 …………… ㊼
- 事例 6 承継者が困る遺言書、承継者が安心できる遺言書 …… ⓶

## 第3章 状況に応じて上手に財産承継をしよう！

- 事例 7 遺留分や改正税法をよく知ることが相続のポイント …… ⓴
- 事例 8 相続税法の改正も考慮して贈与で遺留分を解決する …… ⓬
- 事例 9 再婚と後継者への財産承継に皆が納得 ……………… ⓰
- 事例 10 遺産分割で相続税は大きく異なる ………………… ⓫
- 事例 11 親子同居で小規模宅地等の特例を活用する ………… ⓺
- 事例 12 債務や保証の相続は要注意 ………………………… ⓷
- 事例 13 会社活用による相続＆相続税対策 ………………… ㊹

この2人が、相談者の財産承継に関する様々な疑問を解決します！

※本書の内容は、令和6年11月1日現在の法令等に基づいています。

# 第1章

# 相続と相続税の基本を押さえよう！

# 事例1 家督相続から法定相続の時代に

**荒川太郎さんの相談**

東京都荒川区に広大な土地と自宅や賃貸マンションなどを所有している大地主の荒川太郎さんは、幼いころに家督相続ですべての財産を相続しています。一緒に住んでいる長男一家に荒川家を引き継ぎ、自分と同様、先祖代々引き継いできた財産をしっかり守っていってもらうことを望んでいます。しかし、複数の子がいるため、自分が亡くなった時に他の子たちがそれで納得するのかと気になっています。そこで、荒川太郎さんは長男の一郎さんと一緒に、相続に詳しい聡美弁護士と相続税に精通している晶子税理士に相談することにしました。

## 荒川太郎さんとその家族の概況

　東京都荒川区に30筆を超える土地と自宅建物のほか、アパートや賃貸マンションを多数所有する大地主の荒川太郎さんは、10年前に妻を亡くしていますが、長男一郎、二男二郎、長女美子、三男三郎の4人の子がいます。

　荒川太郎さんは、自分の所有地の一部に事業用定期借地権を設定して貸地として活用しているほか、アパートや賃貸マンションの経営をしています。

　荒川さんは現在85歳になりましたが、4人の子のうち、荒川さんと同居しているのは55歳の長男一郎の家族です。長男は、荒川太郎さんがこれまで行ってきたアパートやマンションを管理する会社を一緒に経営しており、荒川太郎さんが社長、長男一郎さんが専務を務めています。

　荒川太郎さんの二男の二郎さんは大手商社に勤務の商社マンで、転勤の都度、住所も変わり、現在は大阪勤務です。長女の美子さんは港区の地主の長男と結婚して、夫と子らに囲まれて幸せな生活を送っています。三男の三郎さんは、隣町で小さいながらも評判の良い菓子屋を経営しています。

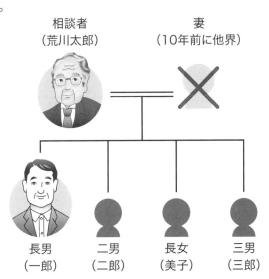

## 荒川太郎さんが相続について考え始める

荒川太郎さん

　これまで健康には不安を感じたこともさしてありませんでしたが、先日、めまいがしたこともあり、自分の相続のことが頭をかすめ、自分の多額の資産を、誰に、どのように相続させたらよいのかと考えるようになりました。そうはいっても、相続についての専門的な知識を格別持っているわけでもありません。そこで、元気一杯にいつも確定申告の相談に乗ってくれている晶子税理士に相談しようと思って、今日は後継者と思っている一郎と一緒に事務所に寄らせてもらいました。今、うちの畑で出来のいいサトイモが収穫できたので、それをお土産に持ってきました。

長男 一郎さん

　晶子税理士、頑固だった父がこの前少し体調を崩し、そろそろ相続のことを考える適齢期になってきたと言うので驚きました。一緒に晶子税理士に相談に行こうと誘ってくれた時は嬉しかったです。

晶子税理士

　年齢に関わらず、ご自分の相続のことを考えておくことはとてもいいことだと思いますよ。相続のことを考えるのに早すぎるということはないんですから。

荒川太郎さん

　私は妻を亡くしていますので、法律どおりだと、自分の遺産は子たち4人が均等に相続することになります。でも、何と言っても先祖伝来の土地ですので、自分の代だけではなく、自分の死後も荒川家の土地を子孫が引き継ぎ、その後もずっと守り育ててほしいと考えているのです。

晶子税理士

　それは地主さんとしては普通のお考えです。その思いを形になさりたいのはよくわかります。

荒川太郎さん

　晶子税理士もご存知だとは思いますが、子たちの中で、先祖からの不動産を守り続けてくれそうなのは、今、私と一緒に不動産の管理をしている長男の一郎しかいないと思っています。二男は全国を飛び回っていますから、不動産の管理なんか望めそうもないし、長女は私と同様の地主の家に嫁いでおり、嫁ぎ先は気位が高いのでおそらく荒川家の手伝いに戻ることなんて認めてくれないでしょう。三男は菓子屋を発展させるのが夢で頑張っているので、家の管理に縛り付けたくはありません……。

　そこで私の後継者といっては何ですが、長男の一郎に跡を継がせようと思っています。私には土地と建物などの不動産以外にも、わずかではありますが預貯金と有価証券もありますので、これらを他の3人の子に相続させて、土地と建物は後継者となる長男一郎に相続させたいのですが、そのためには、どうしたらいいのでしょうか。

晶子税理士

　太郎さんは資産家の上に相続人が多いので、そう簡単に太郎さんの思いどおりにならない気がします。なぜなら、日本中を駆け回っている二男さんや、菓子屋を経営している三男さんは、ある程度相続財産に期待している節があるように思えます。私から申し上げるのもなんですが、娘の聡美弁護士は相続を専門にしており経験も積んできたので、遺言書を書くなどの思いを形にする方法を親子で相談してはいかがかと思い、今日事務所に来てもらっています。

荒川太郎さん

　それはありがたいです。一郎と一緒に、晶子税理士も交えて、聡美弁護士にどうすればよいか相談したいと思いますので、早速同席してもらえますか。

長男 一郎さん

　私も、もめたときの対処方法などを事前に知っておきたいので、ぜひよろしくお願いします。

こんにちは。お久しぶりです。
今日は、先日からお聞きしていたお父様が後継者にしっかりと財産を引き継いでもらいたいという思いをどうやって形にするかというご相談と伺っています。

はい。よろしくお願いします。
実は私は7歳の時に父が戦死し、父から広大な土地や財産を家督相続したので、他の兄弟に財産分けをすることもなく、払うのに困るような多額の相続税に悩むこともありませんでした。

えっ！お父さんそうなの？ 私は初めて聞きました。
そんな相続が昔にはあったのですね。お父さんが経験した家督相続とは、どんな制度だったのですか。

やあ。私も幼いころのことなのでよくわかってないんだ。ただ、親戚から本家はこうやって財産を守ってきたのだから、しっかり後継者に渡してねと言われ、今では私が相続したみたいに簡単に家、つまり財産を長男に渡せないと聞いて驚いたんだ。それで相談しようと思ったんだ。

実は相続に関して、父さんがいやに鷹揚に構えているなとは思っていたんだけど、父さん自身が相続や相続税に悩んだことがないなんて知らなかったよ。聡美先生、よろしければどんな制度であったか、教えてください。

## 戦前の家制度の概要

第二次世界大戦前までの日本人は、先祖から子孫へと流れる「家制度」の一部となること、すなわち自分が親から受け継いだ家・家業・不動産、そして何よりも氏（血脈）を守り次世代に渡していくことを重要視していました。

この家制度とは、明治31年（1898年）に施行された民法において規定された日本の家族制度であり、親族関係を有する者のうち更に狭い範囲の者を、戸主と家族として一つの家に属させ、戸主に家の統率権限を与えていた制度でした。江戸時代に発達した、家長に家の統率権限を与えるという武士階級の家父長制的な家族制度を基にしています。

　へー、まさにテレビで見ていたお家制度ですね。昔は父というものは本当に偉かったんだ。時代劇の背景がよくわかります。その家制度を形に表したものが戸籍だったのですか。

　「家」は、「戸主」と「家族」から構成され、戸主は家の統率者であり、家族は家を構成する者のうち戸主でない者をいいました。一つの家は一つの戸籍に登録されており、同じ家に属するか否かの証明は、その家の戸籍に記載されている者であるか否かにより行われていました。

　なお、戸籍を管理するための法律として、旧民法に代わり昭和23年に施行された戸籍法では、三代以上の親族を同一戸籍に記載できないとされていますが、旧民法における家制度では、家の構成員は二代に限らず何世代にわたってもよく、戸籍上の制約はなかったので戸籍に大勢の人がいました。

　時代劇や戦前のドラマでは戸主は家長として威張っていますが、一体どんな権利を持っていたのですか。

　戸主は戸籍上の筆頭に記載され、家の統率者としての身分を持つ者とされたため、戸籍の特定は戸主の氏名と本籍で行われていました。戸主には家の統率者として、家族の婚姻同意権、居所指定権、戸籍排除権のような戸主権を有しており、家族に絶対的な権力をもっていたのです。

　なお、配偶者、直系卑属、直系尊属による扶養義務の方が優先されてはいましたが、戸主には家の統率者として家族に対する扶養義務が課されており、責任も重かったのです。

えー、戸主である家長の許しがなくては結婚できず、どこに住むかも自分だけで決められず、家長に逆らったら家から追い出されたのか。父さんにはそんなことに口を出されたことないなあ。

長男 一郎さん

聡美弁護士

　昭和22年（1947年）の民法の改正により戸主権は廃止され、令和2年（2020年）4月1日以降は、婚姻可能年齢となる18歳以上であれば、結婚するにあたり必要なのは両者の合意のみであり、親の同意はいりません。もちろん住所をどこにするかも本人の自由です。18歳というのは「成人」になることであり、法律的には親の束縛から自由になるという非常に大きな分岐点なのです。
　ところが、戦前の民法ではこれらの権限は戸主にあり、全てについて戸主の同意が必要な制度であったから、「駆け落ち」「子無き嫁に三行半」等という、現在の私たちには理解できない行為が行われていたのです。

そういえば、私の同級生に子の結婚相手や言動に文句ばかりつけて、家から追い出すなんて言っている人がいたけれど、あれは自分が親からそうされていたから、それが普通だと思っていたんだ。私は早くに父を亡くしたから、そんなことをされていないので、母さんと一緒に普通に子育てをしていたけどね。

荒川太郎さん

父さん、ありがとう。そうだからこそ、亡くなった母さんがいつも荒川家を守っていくんだよと言い続けてくれたとおり、僕は父さんの後を継いで荒川家を守ろうと決めたんだ。でも、その戦前の家制度を前提とした家督相続とはどんな制度だったのですか。

長男 一郎さん

聡美弁護士

　戸主の地位は、戸主の財産権とともに家督相続という制度により承継され、また、家の統率者としての地位の承継も含まれているため、遺産相続と異なり常に単独相続でした。戸主以外の家族の財産については死亡相続のみとなっていましたが、家督相続については、隠居や入夫婚姻、国籍喪失といったような事象により、戸主の生前中に家督相続が発生することもありました。

**晶子税理士**　ようやく、高齢の方がよく「生前相続」とおっしゃっていた意味がわかりました。生前に相続があるわけないと思い込んでいたのですが、親が隠居して子が家督相続すれば生前に財産を承継することを意味していたのですね。

**聡美弁護士**　「隠居」という言葉が法律用語だと知ったときは、多くの方が驚かれます。

　なお、旧民法では原則として、配偶者は血族でないため相続権は無く長男が家督相続するのが大原則でした。また、長男がいなかった場合であっても、誰を相続人とするか明確なルールがあり、家督相続人（新戸主）となる者は、男→女、嫡出子→庶子、長幼の順位で決めることになっていました。

　わー。長男ってすごい権力を持っていたんだ。今では考えられません。僕自身、長男だからって、そんなに特別扱いはされていませんでしたから。

**長男 一郎さん**

**聡美弁護士**　そうなのです。法定家督相続はこのように、長男相続が第一義であるため、長男は生まれたときから跡継ぎとして育てられました。また、法定推定家督相続人のある戸主は婿養子を除き、男子を養子にすることはできないものとされていました。なお、法定家督相続人には家督相続の放棄は認められていませんでしたが、債務の負担を考慮して、限定承認は認められていました。旧戸主の身分や財産をすべて１人で受け継いだ家督相続人は、原則として、家の財産を守り、一族の面倒をみる立場にも立たされるため、戸主となる者はとても強い権限を持っていたといえます。

　このように、旧民法の家督相続については、今の常識では考えられない様々な決まりごとがあったのです。

　そういえば、友人の家では座席順も決まっていて、末っ子である友人はいつも末席で食事の順番もあとだと嘆いていたのを思い出しました。

**荒川太郎さん**

**聡美弁護士**　戸主の権限は家の統率者としての権限であるため、同じ家に属すれば戸主による統率を受けなければならないうえ、婚姻や養子縁組などについて戸主の同意を必要とするものがあるなど、家制度には家族の権利が犠牲にされる側面がありました。特に嫁入りした配偶者は相続権も無く、男尊女卑の世間の中で夫亡き後、肩身狭く生きてきたのです。

**晶子税理士**　いやあ、私は女性ですから、現在の世の中に生まれてきてよかったなと実感しています。幼少時は親に従い、嫁に行っては夫に従い、老いては子に従うという「女は三界に家なし」ということわざは、そこから来ているのですね。

**聡美弁護士**　そこで、現在の日本国憲法が成立すると、憲法24条などに反するとして、日本国憲法の施行日（昭和22年5月3日）に女性参政権の施行と同時に、民法が大規模に改正されたのです。この改正により親族編・相続編が根本的に変更され家制度は廃止となり、翌年（昭和23年）の1月1日から改正民法が施行されました。

　この民法改正により、旧民法下で行われていた独占的な家督相続制度は廃止され、長男、二男、長女、二女等関係なく、子や配偶者であれば平等に相続することができる法定相続制度が定められました。ことに、配偶者に相続権を認めたことは画期的なことで、女性参政権と同様、女性が法的に一人前の人間として財産を持てることになったのです。このように戦後における民法改正は現在の遺産相続制度が創設されたのではなく、家督制度がなくなっただけなのです。

**荒川太郎さん**　我が家は一郎一家と本当に助け合っていますので、安心できますが、家族が助け合うという意味では、現在のほうが家族関係の希薄な家が多いように思います。

**晶子税理士**　戦後、日本人は集団として生きることの弊害を実感し、家制度でなく個人として家から分離独立する傾向が極端に強くなったといわれていますが、家督相続制度の廃止などにも一因があるのではないでしょうか。

**聡美弁護士**: 現行民法は均分相続であり、かつての独占的な家督相続に比べれば聞こえはいいですが、現場に立っている弁護士としては、その分「家を守る」という観点からみると、遺産をめぐる相続トラブルが、皮肉にも昔より増えているように思います。

## 遺産分割は何も対策をしなければ民法の定めに従って行われる

**晶子税理士**: このような家督相続の制度は今ではなくなっていますので、事前に荒川太郎さんのお気持ちは伝えておきましたが、現在の民法上はどのような取扱いになるのか、聡美弁護士からお2人に説明していただけますか。

**聡美弁護士**: 現在の法律では、相続は、原則として、民法に定める相続人が、民法の定める割合による相続分に従って遺産を分割することになっています。太郎さんの場合は、相続人は4人のお子様ですが、4人の相続分は平等ですから各自は4分の1の相続分を有しています(下図参照)。

【荒川家の法定相続分】

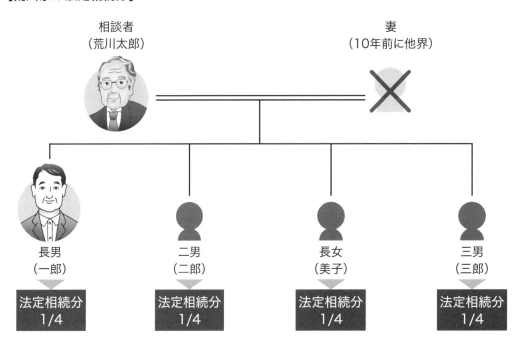

【法定相続分】

| 配偶者と子が相続人の場合 | 配偶者＝1／2<br>子　　＝1／2 |
| --- | --- |
| 配偶者と直系尊属が相続人の場合 | 配偶者＝2／3<br>直系尊属＝1／3 |
| 配偶者と兄弟姉妹が相続人の場合 | 配偶者＝3／4<br>兄弟姉妹＝1／4<br>※父母の一方のみを同じくする兄弟姉妹（半血兄弟姉妹）の相続分は父母の双方を同じくする兄弟姉妹の1／2 |
| 配偶者しか相続人がいない場合 | 配偶者が単独で相続 |
| 配偶者がいない場合 | 子、直系尊属、又は兄弟姉妹のみが相続 |

## まずは相続財産をすべて時価評価することから

荒川太郎さん

　聡美弁護士、私の財産には不動産もあれば、株式もありますが、子たちが相続する財産の額が、実際に相続財産の何分の1になるのかということは、どうやって確認するのですか。

聡美弁護士

　相続の問題を考えるときは、まず、相続財産のそれぞれが、金銭に換算したときにどれだけの価額となるのかということを確認することが、最も基本的な前提となるのです。
　太郎さんの相続財産には、土地や建物、有価証券や預貯金など、種類の違う財産が含まれていますから、このままでは比較ができません。そこで、太郎さんの財産をすべて金銭に換算して評価し、それぞれが取得する財産額が遺産の何分の1となるのかを判断することになります。最も理想的なのは、太郎さんの財産のうち、土地と建物は長男の一郎さんが相続し、二男の二郎さん、長女の美子さん、三男の三郎さんが残りの預貯金と有価証券とを相続した結果、それぞれの取り分が太郎さんの相続財産の4分の1になっているという場合です。

それなら、私に万一のことがあった場合は、晶子税理士に相続税の申告をお願いしようと思っていますので、晶子税理士に、今私が亡くなったとして相続税の申告をする場合の財産評価作業をお願いすれば、わかるわけですね。

荒川太郎さん

　ちょうど、父さんに何かあった時の相続税額を知りたいと思っていたので、晶子税理士に早速財産評価と相続税の試算をお願いしたいと思います。

長男 一郎さん

### 相続税法上と民法上で異なる相続財産の評価

聡美弁護士

　ちょっと、お待ちください。そう考えがちなのですが、注意していただかなければならない点があります。それは、民法では、相続財産の評価は「時価」で行うものとされているのです。時価というのは、文字どおり、その財産を市場に出したら、いくらで取引されるか、ということなのです。

　晶子税理士、相続税を申告する際には相続財産は時価評価でするのではないのですか。

長男 一郎さん

晶子税理士

　確かに相続税法では相続した時の「時価」で相続財産を評価することになっていますが、時価を正しくとらえることは難しいので、国税庁が具体的な評価方法を定めて財産評価基本通達を公表しています。
　例えば、土地の評価は路線価方式又は倍率方式、建物の評価は固定資産税評価額そのものであり、賃貸されていれば借地権価額や借家権価額が控除されます。上場株式は金融商品取引所の課税時期における終値と相続の日以前3か月間の平均のうち最も低い価額となっています。また、ゴルフ場の会員権は取引価額の70％となっており、相続税評価額は通常の時価より低いのが一般的です。
　非上場株式については、同族関係者が自社株式を相続により取得した場合には、原則的な評価となり非常に高く評価されますが、同族関

係者以外の者が取得した場合には、配当を基準とした非常に低い特例的な評価額（配当還元価額）により評価するとされています。

このように時価は明確に評価することができず、相続発生から申告時まで期間が長くなりますので、納税者は国税庁が定めたこの財産評価基本通達に基づき財産評価をするのが一般的です。

相続税における時価と言うのは、売買できる値段のことではないのですね。通常より低い価格ならば相続税も安いので安心です。でも、聡美弁護士、民法における相続ではそうではないということですか。

法律では、土地の評価額は本来的には不動産評価の専門資格を持った不動産鑑定士の鑑定評価額によります。

不動産鑑定を行わない場合には、土地の実勢価額がいわゆる公示価額に近接しているのか等の専門家の意見を踏まえて、便宜的に公示価額を基準として使う場合もあると思います。

預貯金額は通帳の残高を見ればわかりますし、上場株式の場合は、とりあえずはインターネットで検索すれば確認できます。

同じ相続財産の評価でも、税法上と民法上とでは、違うということがよくわかりました。ただ、相続税評価額は通達で決まっているから出しやすいですが、時価ってよくわからないですよね。

## 遺言による相続分の指定

まったくそのとおりです。しかし、先に述べた方法により、太郎さんの財産を全部金銭に換算して、長男の一郎さんに相続させる予定の土地と建物が総遺産の何％を占めているのかを確認することがまず第一にやるべきことです。太郎さんの相続財産の評価額については概算でも結構ですが、すでに調査されていらっしゃいますか。

太郎さんの依頼を受け、私のほうで、ある程度の財産調査と相続税評価はしてあります。これが太郎さんの相続財産の一覧表です。時価ではどうなるかはわかりませんが、この相続税評価額による調査においても、一郎さんが相続する予定の土地と建物だけで、遺産総額の約8割を占めています。

では、各自の法定相続分が4分の1ですから、民法に定める相続分のままだと、一郎さんは土地建物のすべてを相続することはできません。ですが、相続は、必ずしも民法の定める相続分の割合に従って行わなければならないというわけではないのです。民法では、被相続人が遺言で民法の定める相続分とは異なる相続分を指定すること等を認めています。ですから、太郎さんが、一郎さんの相続分を増やす遺言を作成すること自体は可能です。

なるほど、そうならば、私が一郎の相続分を5分の4に指定するという遺言を作っておけば問題は解決できるんですね。

## 兄弟姉妹以外の相続人には遺留分がある

確かに、遺言により一郎さんの相続分を増やすことはできます。遺言は、遺言者の死亡と同時に効力を生じますので、太郎さんがお亡くなりになった場合には、直ちに一郎さんの相続分は5分の4に指定された効果が生じます。ですが、その遺言のとおりになる場合もあれば、遺言どおりにならない場合もあるのです。

それは、どういうことですか。遺言どおりに分割しなければならないのですから、遺産分けは終了でしょう。

【遺言書の方式】

| 自筆証言遺言 | 公正証書遺言 | 秘密証書遺言 |
|---|---|---|
| ・本文の全文を自筆で作成し、日付・署名捺印<br>・目録は印字作成可能（1ページごとに署名捺印）<br>・署名等ができない場合は作成不可 | ・公証役場で公証人に依頼して遺言書を作成<br>・署名できない場合も作成が可能 | ・遺言書（自筆不要）を作成し、署名捺印後、封筒に封入し、本文と同じ印で封印する<br>・公証人に筆者の住所・氏名を申述<br>・署名できない場合は作成不可 |
| 誰にも知られず、1人で作成できる。<br>＊遺言の存在は秘密<br>＊遺言内容も秘密 | 公証役場で、公証人と証人2人の前で作成<br>＊遺言の存在は証人が知る<br>＊遺言の内容も証人が知る | 遺言書を1人で作成し、公証役場で公証人と証人2人の前で提出<br>＊遺言の存在は明確<br>＊遺言の内容は秘密 |
| 形式の不備・内容の不明確等による無効のリスクあり | 公証人が作成するため無効のリスクは小さい | 形式の不備・内容の不明確等による無効のリスクあり |
| 偽造・変造・隠匿・未発見のリスクあり<br>＊法務局保管制度でリスクなし | 偽造・変造・隠匿・未発見のリスクなし | 偽造・変造のリスクなし⇔隠匿・未発見のリスクあり |
| 費用がかからない<br>＊法務局保管制度は手数料必要 | 公正証書作成費用が必要<br>遺産額に応じた累進 | 費用が一定額（1万1,000円） |
| 検認手続が必要<br>＊法務局保管制度利用の場合は検認手続不要 | 検認手続は不要 | 検認手続が必要 |

聡美弁護士

　第一に、遺産の5分の4が一郎さんの相続分だとしても、それが不動産なのか預貯金等も含むのかが不明であるため、遺産分割協議で相続人である兄弟姉妹全員で分け方について合意しなければなりません。
　一郎さんが不動産の全て、他のお子様たちが流動資産を等分する、という内容で合意できなかった場合は、不動産も全相続人の共有にせざるを得ないことも十分にありえます。

では、単に一郎の相続分は5分の4と書くのではなく、不動産の全てを一郎に相続させ、預貯金や株式等の金融資産は他の子らに等分に相続させる、という遺言にした方がよさそうですね。

荒川太郎さん

　ぜひ、そのように具体的な財産を指定する遺言を作成してください。しかし、具体的な分配内容の遺言を作成したとしてもその遺言のとおりになるとは限りません。

聡美弁護士

　他にどんな問題があるのですか。1つ問題が解決したと思ったら、また次の難問がでてくるのですね。大変だなあ。

荒川太郎さん

　太郎さんのお子様たちが、後継者となる一郎さんだけに土地と建物を渡すつもりがあるかどうかということです。なぜかというと、遺言は、遺言者の死亡と同時に効力を生じるのですが、日本では遺言をしても奪うことのできない相続人の最低限の取り分として、「遺留分」というものが認められているのです。

聡美弁護士

　遺留分という言葉は、確かによく聞きます。
　私の相続に関していえば、具体的には、どういうことになるのでしょうか。

荒川太郎さん

　太郎さんのお子様は各自4分の1の割合の法定相続分を有しています。このとき太郎さんが、一郎さんの相続分として5分の4に相当する全不動産を指定すると、残りの5分の1を残りの3人のお子様が平等に分けることになりますから、各自の相続割合は15分の1になってしまいます。3人のお子様が、それでも太郎さんの遺言がそうなっているのなら仕方がないと納得してくれるのであれば、遺言どおりになります。
　ですが、3人のお子様が後継者だけに土地と建物を渡すつもりがなければ、自分たちの最低限の取り分としての「遺留分」をご長男の一郎さんに対して請求してくることがあり得ます。

聡美弁護士

遺留分の割合は決まっているのですか。
請求されたら、私はどのくらい払わなければならないのでしょうか。

　遺留分の割合は、相続人によって違うのです。太郎さんの相続人の場合は相続財産の2分の1となります。これに相続分を乗ずることになります。各相続人の相続分が4分の1ですので、各相続人の遺留分は8分の1になります。
　それが、土地建物の後継者の一郎さんにすべて相続させるとなると、実際に3人の相続人が受け取る財産は15分の1ですから、遺留分を侵害することになってしまいますね。

　それでも、私がそういう遺言を作れば、子たちは大概の場合、従ってくれるものではないのでしょうか。今まで育ててきた二郎や美子、三郎が私の決めた財産の取り分で、もめるわけがないと思っています。

## 【遺留分の割合】
- 直系尊属のみが相続人の場合＝1/3
- 兄弟姉妹を除くその他の場合＝1/2

| | | |
|---|---|---|
| ①　配偶者と子（孫以下の者が代襲相続する場合を含む。以下同じ。）が共同して相続する場合 | 全員 | 1/2 |
| ②　子のみが相続する場合 | 子全員が | 1/2 |
| ③　配偶者と直系尊属（父母・祖父母）が共同して相続する場合 | 全員 | 1/2 |
| ④　配偶者と兄弟姉妹が共同して相続する場合 | 配偶者<br>兄弟姉妹 | 1/2<br>0 |
| ⑤　配偶者のみが相続する場合 | 配偶者 | 1/2 |
| ⑥　直系尊属（父母・祖父母）だけが相続する場合 | 直系尊属 | 1/3 |

【遺留分の算定方法】

$$\left\{\boxed{被相続人が死亡時に有した財産の額} + \boxed{贈与された財産の価格} - \boxed{相続債務の全額}\right\} × 遺留分率$$

## もめごとを避ける遺言を残すには

晶子税理士

太郎さんのお気持ちはとてもよくわかります。

ただ、私がこの間、相続税の申告の依頼を受けたお家では、遺言書どおりに分けた割合について、後継者以外のあまり財産をもらわなかった兄弟が不満を持ち、とうとう遺留分侵害額請求を行使し、今や法事どころではなく、兄弟で大もめされています。

太郎さんも自分の子たちは大丈夫だと思わず、一度よく家族で話し合われて、家を守っていく長男一郎さんへの応援を親族全員でされていくのか、確認されてはいかがでしょうか。もし、もめるような雰囲気であれば、遺留分も考慮された遺言書を作っておくほうがいいかもしれませんね。

聡美弁護士

私も職業柄、たくさんのもめごとを見てきているので、晶子税理士の言われるとおり一度皆さんに気持ちを聞かれるのがよいと思います。

荒川太郎さん

そういわれると、自分でうまく切りだせるか不安を感じてしまいます。また、遺言書を作るといっても、4人の子たちに平等に財産を相続させるという遺言ではなく、先祖代々の土地を守るためとはいえ、長男一郎に相続財産の約8割を占める多額の財産を相続させるという内容ですので、結果として、私が子たちを不平等に扱うことになってしまいます。

そういう遺言書を作ると、長男以外の子たちは、自分がないがしろにされたと思い込んで、かえってもめてしまうということになりはしないのでしょうか。

　こうした太郎さんの疑問は、相続対策の方針を決める上では、とても重要な事です。疑問に感じたことは、徹底的に究明して、後悔をすることのないように、納得のいく対策を講じることこそ、一番大切にすべきことです。
　私達の豊富な過去の経験から少しアドバイスをさせていただいてよろしいですか。

　それはありがたいです。ぜひ、ご意見をお伺いさせてください。
　地主同士では、家を守り続けるには後継者に全ての不動産を継がせるしかないと話しているのですが。

　確かに、遺言を見たときにご長男以外のお子様たちは、当初はあまり面白くないかもしれません。でも、遺言をしなかったらもめずに済むのかというと、土地と建物の価額で遺産の約8割を占めているのですから、遺言がないと大変な事態が起きることも想定できます。
　私の経験からすると多くの場合、遺産分割でもめないようなご家族は遺言があってももめないし、遺産分割でもめるようなご家族は、遺言がなかった場合はもっと、もめるんじゃないでしょうか。

　確かに、遺言を残さなかった場合には、大変なもめごとが起きるような気がしますし、遺言があることで、遺言がない場合以上にもめることは少ないのかもしれないという気もしてきました。

　私も、晶子税理士のご意見と同じ考えです。遺言があっても、相続人が遺言に従おうとせず、もめるというご家族の場合には、遺言がなかった場合には確実にもめることになると思います。
　遺言は、相続人を必ずしも平等に扱うものではありません。相続人を平等に扱えるような財産の構成であれば、最初から遺言などは必要ないのですから……。
　遺言をする以上、相続人間には不平等な結果となるかもしれませんが、重要なことは、そのような遺言をせざるを得なかった太郎さんの思いがお子様たちに伝わるように、遺言書を書く方法を工夫するということではないでしょうか。

荒川太郎さん

　少しずつ、自分の進むべき道が見えてきたような気がします。確かに、子たちを必ずしも平等に扱うことができない遺言書を作成することに、ためらいがないわけではありません。しかし、ここできっちり自分の思いを伝えておかないと、先祖代々の資産を次世代に引き継げなくなり、先祖の方々に申し訳ないことになります。思いきって、今度の正月に皆が集まったときに、自分の思いを伝えるとともに、子たちの気持ちもつかんでみよう思います。晶子税理士と聡美弁護士のお２人で、しっかりサポートしてくださるようお願いします。

聡美弁護士

　もちろんです。まずは、遺留分の問題をどうするか決められたら、どんな遺言書を作成するか一緒に考えましょう。また、土地の評価額が高く相続税も高額なことが予想されるため、その相続税をどうやって支払うのかということも考えて、遺言書を作る必要があります。晶子税理士と私、太郎さん、一郎さんの４人でタッグを組んで、太郎さんの想いを形にしましょう。

晶子税理士

　本当に相続税は頭の痛い問題です。太郎さんほどの資産家の場合、非常に高額な相続税が予想されますので、これも含めてどうするか考えないと悲惨な結果になることもあります。また、誰に何を残すか決まれば、相続まで待たないで相続税の税率を考慮しながら贈与するという方法もあります。税金負担のこともしっかりと考慮した上で、どうすればよいか、一緒に考えていきましょう。

荒川太郎さん

　ようやくすっきりしてきました。ただ、家族間の話し合いと子たちの意見調整は私がしなければ前へ進むことはできないでしょう。皆が元気で仲の良いうちにこそできることだと思いますので、早速取り組むことにします。

**【贈与税と相続税の税率比較表】**

| 贈与税の課税対象金額※ | 税率 | 相続税の課税対象金額 |
|---|---|---|
| 200万円以下 | 10% | 1,000万円以下 |
| 400万円以下 | 15% | 3,000万円以下 |
| 600万円以下 | 20% | 5,000万円以下 |
| 1,000万円以下 | 30% | 1億円以下 |
| 1,500万円以下 | 40% | 2億円以下 |
| 3,000万円以下 | 45% | 3億円以下 |
| 4,500万円以下 | 50% | 6億円以下 |
| 4,500万円超 | 55% | 6億円超 |

※18歳以上の者への直系尊属からの贈与の場合

## Point

① 民法は共同相続を原則としており、子たちの相続分は均一である
② 遺言書を作成しておけば、法定相続分とは異なる相続分を指定できる
③ 子には、法定相続分の2分の1という遺留分が保障されている
④ 子たちがどう思っているかを確認した上で、遺言書を書くかどうかを決める
⑤ 資産家には相続税という難問がひかえているため、それも考慮した上で遺言書を作成しなければ、相続人はかえって困る
⑥ 生前に解決するためには、税金を考慮した上で贈与することも検討する

# 事例2 相続と相続税の基本を知る

### 西宮春雄さんの相談

西宮市に80坪の自宅と3,000万円ほどの預金を持っている西宮春雄さんは、相続や相続税について気楽に考えていたのですが、幼なじみの宝塚さんが亡くなり、遺族が遺産分けでもめ相続税で困っているのを知り、びっくりしました。自分の場合はどうなるのか心配になり、西宮春雄さんは妻の夏子さんと一緒に、相続に詳しく相続税に精通している晶子税理士に相談することにしました。

### 西宮春雄さんとその家族の概況

　西宮春雄さんは、現在75歳であり、西宮市に80坪の自宅の敷地と築30年の建物を所有し、定年退職をして悠々自適な暮らしをしています。西宮さんの家族は、同居している妻夏子さんと、大阪市内の賃貸マンションに住んでいる長男秋雄さんと、名古屋に嫁いだ長女の冬子さんの4人です。

　西宮春雄さんは預貯金として3,000万円があるだけですが、住宅ローンの返済も終わり、厚生年金もあるので、夫婦2人の生活の心配はしていませんでした。ところが、幼なじみの宝塚さんが急逝して、そんなに大した遺産もないのに子たちが遺産分けで喧嘩し、妻の和子さんがしょんぼりしているのを見かねて相談に乗ったところ、遺産分割が整わないため相続税もかかると聞き、本当に驚きました。

　西宮春雄さんの仲裁で何とか宝塚家の子たちも丸く収まって、相続手続がようやく開始できることとなり、宝塚さん一家は親戚の紹介で晶子税理士に相続税の申告をお願いすることになりました。

　西宮春雄さんは自分の相続の時にこんなことが起こらないようにと、自分の相続税と遺産分割について、早速検討してみることにしました。

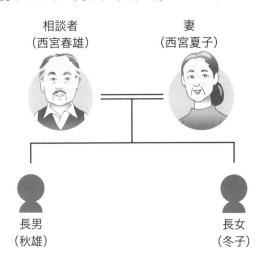

## 遺産分割が完了した一家は一安心

西宮春雄さん

晶子税理士、宝塚さんが相続ではすっかりお世話になったそうで……。宝塚さんは無事、相続税の申告は完了されましたか。

晶子税理士

私ども税理士は守秘義務があり、どんなに親しい方であっても依頼人のことはお話しできません。ですが、宝塚和子様とお子様たちから、西宮様にはお世話になったので私どものことを参考にお話いただいて、いろいろ相談に乗ってあげてくださいと頼まれました。その依頼がありますので申し上げますが、宝塚様ご一家は無事遺産分割も完了し、相続税申告書の提出を終えました。税務上有利な遺産分割にまとまることができましたので、申告は必要でしたが、相続税はかからなかったのです。

西宮春雄さん

それは和子さんも喜ばれたことでしょう。遺産分割の仕方によって相続税が変わるなんて知りませんでした。

実は宝塚家のもめごとを見ているうちに、私の相続や相続税について心配になってきたのです。そこで夫婦で一度きちんと考えなくてはと思い、夏子とお伺いしたのです。相続税のことをよくわかっておかないと、遺産分割の時に困ると思いますので、まずは相続税の基本から教えていただけませんか。

## 相続税の計算の仕組み

晶子税理士

相続税の計算は難しいので、簡単にその仕組みをお話しましょう。
相続税は次の順序で計算します。まず、全財産を財産評価基本通達に定められている方法により評価します。次に、評価額の合計額から債務や葬式費用を差し引いた後に相続税の基礎控除額を控除します。控除した後の金額を、法定相続人が法定相続分により取得したものとして各人の相続税額を計算し、それらの合計額が相続税の総額となります。

最後に、相続税の総額を各人の実際の取得財産の割合に応じて按分します（29ページ【相続税の税額計算の仕組み】参照）。

相続税の基礎控除額ですが、次のように計算します。

**3,000万円＋600万円×法定相続人の数＝基礎控除額**

西宮春雄さんのように相続人が配偶者と子2人の場合、法定相続人は3人となりますから、3,000万円＋600万円×3人＝4,800万円が相続税の基礎控除額となります。よって、春雄さんの場合、正味の遺産額が4,800万円以下ならば、相続税は課税されないのです。

なるほど、基礎控除額を超えると相続税がかかるのですね。私の相続発生時の遺産はおそらく基礎控除額を超えますので、相続税がかかると思います。

西宮春雄さん

先に私に相続が発生したら、夫の時と同様に相続人は3人で、4,800万円が相続税の基礎控除額となるのですね。私は今のところ、そんなに財産を持っていないので正味の遺産額は4,800万円以下でしょうから、子たちには相続税がかからないのがわかったので安心しました。

西宮夏子さん

晶子税理士

夏子さんの相続税で注意しなければならないのは、春雄さんが先に亡くなられた時です。配偶者がいないので、相続人は子2人だけになり基礎控除額が3,000万円＋600万円×2人＝4,200万円となります。夏子さんが春雄さんからどれくらいの遺産を相続するかで、夏子さんの相続の際の相続税が決まります。

平均寿命の点からしても、今の元気さからいっても私の方が先に亡くなるに決まっているから、私が先に亡くなることを前提にお話しください。

西宮春雄さん

あらあら、そうとも限らないと思いますけど、私が残された時に困らないように、私が夫から遺産を相続する前提でお願いします。

西宮夏子さん

## 相続税のかかる財産

晶子税理士: まず、遺産には相続税のかかる財産とかからない財産があります。相続税のかかる財産には、被相続人の死亡の日に所有していた現金・銀行預金・郵便貯金・株式・公社債・貸付信託・土地・建物・事業用財産・家庭用財産・ゴルフ会員権など一切の財産が含まれます。これらの土地、建物、有価証券、預貯金などのすべての財産は時価で評価するとされていますが、時価評価は難しいので、国税庁の定めた財産評価基本通達などにより、その財産の種類ごとに定められた評価方式で評価します。

西宮春雄さん: なるほど、遺産すべてに相続税がかかるということがわかりました。先日、金融機関が開いていた相続セミナーに参加したところ、相続税対策の基本は贈与だと聞きました。確かに贈与してしまえば遺産が減ってしまうのですから、相続税はかからないと思いました。

## 贈与した財産にも相続税がかかる場合

晶子税理士: 必ずしもそうなるわけではありません。相続等により財産を取得した人が、相続開始前7年以内に被相続人から贈与された財産は、贈与税の110万円の基礎控除の範囲内のものを含め、原則として、すべて相続財産に加算しなければならないのです。令和5年末までの贈与の場合は、相続開始前3年以内の贈与だったのですが、令和6年1月1日以後の贈与から加算期間が7年もの長期に延長されることになったのです。ただし、延長4年間に受けた贈与について総額100万円までは相続財産に加算されません。

西宮春雄さん: 3年前加算のことは知っていたけど、令和6年から7年間の贈与が加算される改正があったなんて、知りませんでした。長生きを前提としないなら相続時精算課税制度とそう変わらなくなったなあ。

あら、贈与税の計算には2種類もあるのですか。通常の制度しか知らなかったのですが、相続時精算課税制度ってどんな制度ですか。

西宮夏子さん

晶子税理士

相続時精算課税制度とは、60歳以上の父母もしくは祖父母から贈与を受けた18歳以上の人が、暦年課税と選択適用できる制度で、累計2,500万円まで贈与税がかからない制度です。よって、秋雄さんや冬子さんは選択できますが、夏子さんは選択できません。また、税制改正が行われ、令和6年1月1日からの贈与については毎年110万円までの基礎控除があり、改正前に比べると有利になっています。

なお、この課税の適用を受けた財産は基礎控除部分を除きすべて相続財産に加算します。ただし、加算した贈与財産につき、既に支払った贈与税額があれば相続税額から差し引き、相続時精算課税贈与を選択した場合に限り、控除しきれない額は還付されます。二重課税の心配はいらないうえ、基礎控除額110万円部分については贈与税も相続税もかからないことになります。

それならば、年間110万円しか贈与しないつもりの人や7年以内に相続が予想される人なら、子や孫に相続時精算課税制度を選択して贈与するのは確実に節税になりますね。

西宮夏子さん

晶子税理士

夏子さんのおっしゃるとおりです。ただし、お2人とも若く7年どころか20年はお元気に過ごされそうに思いますので、まだ早いですね。

また、被相続人名義の財産だけに相続税がかかるわけではありません。被相続人の死亡に伴って支払われる退職金や生命保険金も、相続財産とみなされ相続税の課税対象となるので、ご注意ください。

## 債務と葬式費用は控除される

生命保険金も退職金も実際もらえるのですから相続税がかかるのは仕方ありませんね。でも、子たちが支払った親の借金や葬式費用はどうなるのですか。

西宮春雄さん

晶子税理士

ご安心ください。相続が開始した時に、現実に存在していた借入金などの債務のほか、未払いの公租公課、生前の入院費用などの未払金、通夜や葬式にかかった費用は、相続財産から控除することができます。葬式費用もその一部は相続財産から控除することができます。

【葬式費用としての債務控除の可否】

| 可 | 不可 |
| --- | --- |
| ・葬式（仮葬式も含む）そのものの費用<br>・お寺さんへの戒名代、お布施（当日のもの）<br>・お通夜の食事代その他葬式前後の費用で通常必要なもの<br>・死体の捜索又は死体もしくは遺骨の運搬費用や納骨費用 | ・香典返戻費用<br>・初七日以後の法会費用<br>・墓碑及び墓地の購入費<br>・相続人の喪服等の個人的な出費 |

【相続税のかからない財産】

- お墓・仏壇・祭具など
- 相続人が受け取った生命保険金及び退職金のうち、法定相続人1人につき各500万円までの部分

だから資産家の皆さんは相続税対策といって、借金をするのですね。借入金が多いほど相続税は減少するけど、私は多額の借入金を相続するのは怖いです。確かによく考える必要がありますね。

西宮夏子さん

そうやって、相続税のかかる財産に加算すべき贈与財産を足して、債務や葬式費用を引いた金額を基に、相続税はどうやって計算するのですか。

西宮春雄さん

晶子税理士

　最初にご説明しました、基礎控除額を差し引いた課税遺産総額を法定相続人が法定相続分で分割したものとして、相続税の速算表の税率と控除額を用いて各人ごとの税額を計算し、その合計が相続税の総額になります。
　その相続税の総額に、実際に各人が相続した財産が課税遺産総額のうちに占める割合を乗じて計算した金額が、各人ごとの相続税額になるのです。

【相続税の速算表】

| 法定相続分に応ずる各人の取得金額 | | 税率と控除額 |
| --- | --- | --- |
| | 1,000万円以下 | 10% |
| 1,000万円超 | 3,000万円以下 | 15％－50万円 |
| 3,000万円超 | 5,000万円以下 | 20％－200万円 |
| 5,000万円超 | 1億円以下 | 30％－700万円 |
| 1億円超 | 2億円以下 | 40％－1,700万円 |
| 2億円超 | 3億円以下 | 45％－2,700万円 |
| 3億円超 | 6億円以下 | 50％－4,200万円 |
| 6億円超 | | 55％－7,200万円 |

【相続税の税額計算の仕組み】

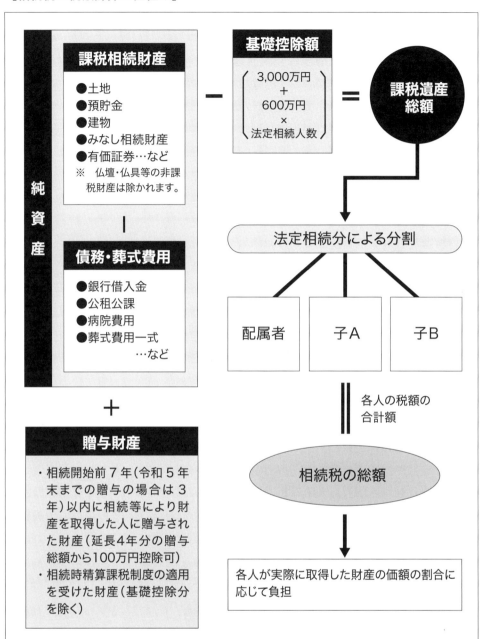

なるほど。一定の場合を除き、どのように分けても自分の亡くなったときの相続税の総額は変わらないことがよくわかりました。

西宮春雄さん

## 配偶者は法定相続分まで相続税はかからない

晶子税理士

原則としてはそうですが、配偶者が相続した場合は特例があります。配偶者には、配偶者の税額軽減という相続税の特例があり、配偶者の法定相続分又は1億6,000万円のうち、いずれか大きいほうの金額についてまでは税額が軽減されます。つまり、配偶者が取得した財産が1億6,000万円か法定相続分以下である場合には、配偶者には相続税はかからないのです。

あら、西宮家にはいくら見積もっても1億6,000万円もの財産はないから、私が相続した遺産については相続税の心配はないとわかって安心しました。

西宮夏子さん

晶子税理士

ただし、この配偶者の税額軽減の適用を受けるには遺産分割協議が整っていることが要件ですから、注意が必要です。つまり、遺産分割を相続税の申告期限までに終えることは、配偶者にとってはとても重要なことなのです。

そのほかに、相続人が未成年者や障害者である場合には未成年者控除や障害者控除など、特別の税額控除もあります。ただし、配偶者や1親等の血族以外の者が遺産を取得した場合には相続税が2割加算される制度もあります。誰が相続するのかによって、このように相続税負担が変わることもあるので、遺産分割する際にはご注意ください。

## 申告期限は10か月

相続税の申告期限までに、やらなければならないことが山積みであることがよくわかりましたが、いったい相続税の申告期限はいつなのでしょうか。

西宮春雄さん

晶子税理士

相続税の申告期限は相続の開始があったことを知った日の翌日から10か月以内となっています。しっかりタイムスケジュールを組んで、きちんと手続を進めていかないと、書類集めが申告に間に合わない、

申告期限内に遺産分割が終わらないなどの問題が起きることになりますので注意してください。
　西宮さんご夫妻には被相続人が死亡した日からのタイムスケジュール表を差し上げますので、見ておいてください。

## 被相続人の死亡

**7日以内**
死亡届の提出・死亡診断書を添付して市町村長に提出

◎遺産（財産・債務）の調査評価
◎遺産分割協議書の作成
◎納税方法の検討
◎納税資金の準備

◎葬儀費用の領収書等の整理・保管
◎遺言書の有無の確認
◎相続人の確認
◎遺産（財産・債務）の概要把握

**3か月以内**
相続の承認又は限定承認：相続の放棄等をするか決める（家庭裁判所に申述する）

**4か月以内**
準確定申告：被相続人の死亡の日までの所得税の申告をする

**10か月以内**
相続税の申告と納税：延納、物納の申請も同時に行う

西宮夏子さん

　このタイムスケジュール表を見ていると、大事な人を亡くし、打ちひしがれている遺族にとって、短期間にしなければならない数多くのことはとても負担に思えます。やはり、もしもに備えた心構えは必要ですね。

晶子税理士

　宝塚様の場合、西宮ご夫妻がお子さんたちをまとめてくださって、亡くなったご主人が居住されていた自宅を奥様が相続することとなり、この宅地につき特定居住用宅地等として80％評価減特例を適用できました。法定相続人が奥様と3人のお子様の4人で、基礎控除額の計算は3,000万円＋600万円×4人＝5,400万円となり、その結果、何とか基礎控除額以下の遺産総額となったのです。特定居住用宅地等の評価減特例の適用を受けるために、相続税の申告書を提出しなければなりませんでしたが、相続税はかからなかったのですよ。

## 小規模宅地等の評価減

晶子税理士、居住用宅地の敷地が80％引きになる特例とは何ですか。たしか、自宅を同居している相続人が取得すると有利になると聞いたことがあります。

西宮春雄さん

晶子税理士

これは小規模宅地等の特例という制度で、亡くなった方が居住していた宅地については配偶者や同居親族が相続した場合等には、330m²までの土地の評価額を80％減額するというもので、都心に自宅を持っている人にとっては最大の減税効果があります。

【小規模宅地等の特例（特定居住用宅地等に該当する場合）】

| 宅地等 | | 上限面積 | 軽減割合 |
| --- | --- | --- | --- |
| 居住用 | 居住継続 | 330m² | ▲80％ |

【誰が取得すれば適用を受けられるのか】

「被相続人」か、「被相続人と生計を一にしていた親族」の居住の用に供していた家屋の敷地（宅地）

①から④のいずれかの場合、**特定居住用宅地等となる**

① 配偶者が取得した場合
② 被相続人と同居していた親族が取得し申告期限まで引き続いて保有・居住している場合
③ 配偶者及び同居法定相続人がおらず、次の要件を満たす親族が取得し申告期限まで保有している場合
　・取得した者及びその配偶者、3親等内の親族、その親族等が議決権の過半数を有する同族会社、親族が理事等となっている持分の定めのない法人等が所有する家屋に相続開始前3年以内に居住したことがないこと
　・相続開始時に居住している家屋を相続開始前のいずれの時においても所有していたことがないこと
④ 被相続人と生計を一にしていた親族が取得し、相続開始前から申告期限まで保有
　・自己の居住の用に供している場合

それでは私の相続についてもこの特例が使えて、80％も評価が下がるなんてすごい減税ですね。ありがたい制度です。

西宮春雄さん

晶子税理士

夏子さんが相続された場合には、もちろん適用できます。
　春雄さんの宅地は路線価評価で坪100万円くらいですから80坪で約8,000万円となりますが、80％引きなら1,600万円の評価額となり、預貯金や建物の固定資産税評価額を含め その他の財産が3,000万円くらいなら、合計しても基礎控除額以下になりますので、相続税はかかりませんね。

概算の結果を教えてもらい、安心しました。
　そうすると、私の場合は自宅を妻に、預貯金を妻と２人の子の３人で３分の１ずつすれば、誰にも相続税がかからないのですね。

西宮春雄さん

晶子税理士

はい、小規模宅地等の特例を適用して基礎控除額以下なら相続税はかかりません。ただし、遺産総額は基礎控除額4,800万円を超えており、相続税の申告義務があるので、この特例の適用を受けるため、相続税を申告しなければならないことだけは忘れないでください。

私や子たちが申告しないといけないのですから注意しますが、ひとまず安心しました。

西宮夏子さん

夏子は長男秋雄の嫁と仲が良く孫の面倒もよく見ていますので、私が亡くなった後は長男一家がこの家に戻ってきて一緒に住むと言ってくれています。夏子の相続時も同居している長男が相続すれば、私の相続の時と一緒で相続税はかからないのでしょう。

西宮春雄さん

## 子だけの相続時が第二の関門

晶子税理士

そうですね。夏子さんがこっそり多額の財産をお持ちでない限り、小規模宅地等の特例を適用すれば、自宅の宅地評価額が1,600万円で、その他の財産が2,000万円くらいでしたら、法定相続人が2人の基礎控除額4,200万円にはなりませんので、申告は必要ですが、相続税はかかりません。

西宮夏子さん

秋雄たちは相続税なしで自宅がもらえるのですから喜んでくれるでしょう。秋雄から孫が相続し、ずっと私たちの仏壇やお墓を守ってくれたら、なお嬉しいわ。

晶子税理士

西宮ご夫妻の場合、家族が仲良く遺産分割できれば、大きな問題はなく終わると思います。春雄さんの相続に際しては夏子さんがおられるので、想定どおり終わるでしょう。ただ、夏子さんが亡くなった時はもう親が2人ともおられないのですから、名古屋におられる冬子さんが財産の大半を占める自宅を秋雄さんに渡されることに同意されるかということに不安が残ります。

せっかくご長男夫婦が同居してくれて相続税がかからなくなるとしても、冬子さんが納得されないと、自宅しか残っていない場合には売却せざるを得ないかもしれません。

西宮春雄さん

晶子税理士に相続税の相談をして課税はないだろうということで安心したのですが、自分たちが亡くなっていなくなってしまった場合、仲が良かった兄弟でも相続でもめる可能性があると聞いて心配になりました。遺産分割は一般的にはどのように行われるのでしょうか。

## 遺産分割には3つの方法

晶子税理士

今日はそのお話もしようと思って、聡美弁護士に同席してもらいましたので、聞いてみましょう。

今までのお話を聞いていますと、夏子さんのご存命中はまず問題ないでしょう。春雄さん亡き後、夏子がお亡くなりになられたときの対処方法ですね。相続人はお２人のお子様だけですから法定の相続分はそれぞれ２分の１になります。つまり、法定相続分に従う限り、ご長男の秋雄さんも名古屋の冬子さんも平等の権利を持っていることになります。

そして、相続人が遺産分割協議をする場合には、①現物分割、②換価分割、③代償分割という３つの方法があります。

【遺産分割方法】

| ①現物分割 | 遺産分割の原則的な方法 |
|---|---|
| ②換価分割 | 相続人間で現物分割の協議がまとまらない場合に取られる分割方法 |
| ③代償分割 | 相続人の一部の者が当該遺産を取得し、自己の相続分を超える価値分を金銭にて他の相続人に代償金として支払い、相続分の調整を行う分割方法 |

私は現物で分ける方法しか知りませんでしたが、３種類もあるのですね。ほとんどの方は知らないので、どうしたらいいか悩んでおられると思います。

（西宮夏子さん）

そうですね。一般的には現物分割されます。しかし、西宮家の場合、現物分割ですと分割の対象がご自宅になりますから、自宅の土地や建物を現物で分割することは現実的ではありません。共有で自宅を持ったとしても実際の使用について不満が出たり、売却やリフォームの際にも紛争が生じる可能性が高いからです。

そうすると、次は換価分割を考えるのですが、ご自宅を売却して売却代金を分割するという方法ですので、換価分割を行うとご自宅を手放さなければならなくなってしまいます。これも秋雄さんの場合には好ましい方法とはいえないと思います。最後は代償分割ですが、この方法はご長男秋雄さんがご自宅を相続することとして、その場合には秋雄さんは法定相続分を超えた財産を相続していることになりますので、法定相続分を超えた部分、わかりやすく言うと、取り過ぎの部分

を金銭で支払うという方法です。

西宮春雄さん

　うちの秋雄は孫たちの学費で預貯金なんかほとんどないと言ってますから、自宅の半分ものお金なんか出せっこありません。冬子は請求しないと思うけど、万が一請求されると困るだろうな。

## 遺言による相続分の指定

聡美弁護士

　そうですね。そこで事前の対策が必要になるのです。秋雄さんと冬子さんの相続分が同じですので、秋雄さんがご自宅の半分の代償金を支払う必要が出てくるのです。そうである以上、秋雄さんの相続分を増やして、冬子さんの相続分を減らすという方法を考える必要があります。

西宮夏子さん

　法律で定められた相続分を変えるなんていうことができるのですか。できれば、秋雄には自宅を相続させてやりたいです。

聡美弁護士

　はい、被相続人が遺言を作成した場合に限りますが、春雄さんを亡くされた夏子さんが遺言でお2人のお子様の相続分を民法と違う内容に指定することが法律で認められています。これを民法では、「法定相続分」に対して「指定相続分」と呼んでいるのです。相続分の指定の内容は被相続人となる夏子さんが自由に決めることができます。極端な場合には秋雄さんの相続分を100%、冬子さんの相続分をゼロと指定することもできます。

西宮春雄さん

　そんなことができるなんて、びっくりしました。平等といっても、親の一存でどうにでもなるんですね。安心しました。

**聡美弁護士**　いえいえ、無制限にできるわけではありません。民法では遺言でも奪うことのできない最低限の相続人の取り分として「遺留分」というものが定められています。遺留分は子の場合には本来の相続分の2分の1と考えていただければわかりやすいと思います。したがって、冬子さんは夏子さんの遺産の4分の1について遺留分を持つことになります。

**西宮春雄さん**　今のお話からすると、妻の夏子が全財産を長男に相続させるという遺言を作れば、冬子はおおまかに言うと、遺言がなかった場合は自宅の2分の1の金銭を、遺言があった場合は自宅の4分の1の金銭を秋雄に請求できる……、ということでしょうか。

**聡美弁護士**　そのとおりです。細かくいえば、夏子さんの財産であるご自宅と預貯金等の4分の1ということになります。

**西宮夏子さん**　聡美弁護士のおっしゃることはとてもよくわかるし、そうしたいと思うのですが、冬子にはちゃんと説明しておいた方がすねないと思います。

**聡美弁護士**　そのとおりです。もともと「相続」とは「相」つまり、すがた、ありさまを、「続」つまり続けていくことなのですから、代々の気持ちを引き継いでもらうことが本来なのですからね。まずは、秋雄さんと冬子さんがこれらをどう受け止められるかということが肝心です。家族でよく話し合われて、将来的には家を守っていかれる秋雄さんへ自宅を引き継がせることに異議がないか、冬子さんのご意思を確認されてはいかがでしょうか。

　どちらかの親が生きているうちはあまり問題ないのですが、両親ともに亡くなった場合によく問題が起きるのです。生前に家族で話し合い、助け合い、仲良く暮らすということが、遺産分割ではとても重要です。話し合った結果、もし冬子さんが納得されないような雰囲気であれば、遺言を書くことも考えられてはいかがでしょうか。

そうですね。おっしゃることはよくわかります。これからは3世代で旅行に行ったり集まったりして、より親交を深め自分たちの気持ちを2人に伝えていきます。きっと、それでうまくやってくれると思います。

また、今では一般的な庶民である自分ですら、都心に自宅を持っているだけで遺産が基礎控除額を超え、相続税の申告がいることがよくわかりました。夏子、私に何かあったら、すぐに晶子税理士に相談するのですよ。

西宮春雄さん

よくわかりましたよ。それに、遺産分けについて、ともかく家族でよく話し合い、これからのことをきちんと考えなければならないこともよくわかりました。秋雄と冬子に今後の話をすれば、気持ちよく納得してくれると思います。また、もし私たちに何かあったら、晶子税理士と聡美弁護士に相談に行くよう2人に紹介しておけば安心だと思います。今度は家族全員で訪問いたしますので、よろしくお願い申し上げます。

西宮夏子さん

## Point

① 相続税は、死亡した人の財産を取得したときにかかる税金である
② 課税遺産総額が基礎控除額以下であれば相続税はかからない
③ 財産は財産評価基本通達に基づく時価により評価する
④ 債務や葬式費用は財産から控除し、基礎控除を差し引いた後の金額を法定相続分により取得したとして相続税の総額を計算する
⑤ 相続税の総額を各人が実際の取得財産の割合に応じ負担する
⑥ 自宅だけのような遺産額が少ない場合でも遺産分けでもめたり、相続税がかかることもあるので、家族全員で話し合っておくことが重要

# 事例 3 | 民法と相続税法の違いと注意点

## 神戸花子さんの相談

神戸花子さんは神戸市のタワーマンションの最上階に自宅があり、金融資産は外国の取引額を含めると10億円以上ある資産家です。ただ、20年前の親からの相続の時、相続税に非常に悩まされたので、相続税を節税できる対策を考えています。また、二男は放蕩息子で普段は家に寄り付かず、隙を狙っては金目の物を持ち出します。二男には財産分けをするつもりなく、長女と長男一家に相続させるつもりです。花子さんは節税対策について、長女、長男と一緒に晶子税理士と聡美弁護士に教えてもらうことにしました。

### 神戸花子さんとその家族の状況

68歳の神戸花子さんは6年前に病気で夫を亡くし、現在の推定相続人は長女の緑、長男の樹一郎、二男の草次郎の3人です。長女の緑は亡き父を大切にして入院中もずっと付き添ってくれ、長男の樹一郎も仕事の許す限り見舞いに通い、一家で花子夫妻の面倒をとてもよく見てくれていました。

ところが、二男の草次郎は浪費家でわがままばかりの行動をし、おかげで花子さん夫婦は何度も草次郎の借金の尻拭いをしてきました。体調が悪くなった夫が何とか更生をさせようと諭したのですが、反対に花子さん夫妻に暴力を振るったあげく、花子さんの宝石や貴金属を持ち出し家出してしまったのです。夫の病状が悪化したのはそれからで、花子さんは夫を最後まで苦しめた草次郎には遺産分けをするつもりは全くなく、変わらぬ愛を注いでくれる緑と樹一郎の2人の家族に公平に、相続税に悩むことのないよう財産を渡したいと思っています。

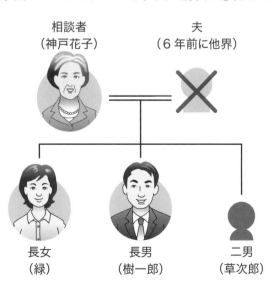

## 花子さんは相続と相続税で悩んでいる

神戸花子さん

　晶子税理士、聡美弁護士、お久しぶりです。これまで先生方には草次郎のことで何度もご相談に乗っていただきましたが、今日は草次郎のことも含めた相続や相続税についてのご相談をしたいと思っております。ご承知のとおり、私は20年前に父親を亡くし、15年前に母親を亡くし、この2度の相続で莫大な相続税に困惑したので、緑や樹一郎にはそんな思いをさせたくありません。夫の七回忌を迎えるにあたり、相続税対策を本格的に始めようと考えました。

　また、私は夫を最後まで苦しめた草次郎には、私の財産を残してやるつもりはありません。そこで、思い切って緑や樹一郎に贈与して相続財産をなくしてしまえばよいのではないかと考えました。晶子税理士、聡美弁護士。私や緑、樹一郎と一緒に、上手な方法を考えてくれませんか。

晶子税理士

　はい、花子さんは資産家でいらっしゃいますので、相続も相続税も生前にきちんと手を打っておかないと大変なことになります。聡美弁護士とどうすればよいのかご一緒に考えてまいりますので、ご安心ください。今日お招きいただいたこの眺めが最高のお部屋も、最上階の広い部屋で豪華な高級マンションですね。さすが、資産家の花子さんのご自宅だと感心しております。

神戸花子さん

　ええ、3億円以上して購入しようかどうかと悩んだのですが、不動産会社の方からタワーマンションは相続税の減税効果が非常に大きいとお聞きして買うことを決意して、購入しました。晶子税理士、節税効果は高いですよね。

晶子税理士

　そのタワーマンションの評価ですが、相続税評価額と実勢価額にあまりにも乖離が大きく、租税回避として使われているとして、居住用区分所有の分譲マンションの相続税評価額を時価に近づけるため、令和6年1月1日以後の相続・遺贈又は贈与から、居住用区分所有マンションの評価方法が改正されています。

長男 樹一郎さん

えっ。その改正はタワーマンションだけなのですか。それともすべてのマンションの評価方法が改正されたのですか。

晶子税理士

タワーマンションだけではありませんが、すべてのマンションの評価が変わったわけでもありません。
①区分所有登記されていない居住用賃貸マンション
②総階数2階以下の区分所有建物とその敷地
③区分所有されている居住部分が3以下であって、かつ、その全てが親族の居住用である二世帯住宅
④賃貸用商業ビル・ホテル施設
　これらの建物とその敷地は従来どおりの評価方法による相続税評価額となり、対象外です。

でも、このお母様が買われたマンションは、まさにそれら以外の区分所有の居住用マンションですから、評価額が大きく上昇したのですか。

長女 緑さん

晶子税理士

はい。今までの自用としての相続税評価額に区分所有補正率を掛けることになりました。この区分所有補正率は評価水準の60％をめどとされており、相続税評価額を実勢価額の60％に引き上げようというものです。

タワーマンション増税とテレビで放映されているのを聞いたことがありますが、どんな分譲マンションの部屋の評価額が高くなるのですか。
せっかくの節税効果がなくなってしまうのは残念です。

長男 樹一郎さん

晶子税理士

今までは同じ1棟のマンションの場合は1㎡当たりの相続税評価額は同じでしたが、この改定された通達によると
①　1棟の建物が高層階であればあるほど
②　評価する1室の階数が高ければ高いほど

③ 建築年度が新しければ新しいほど
④ 立地条件が都心であればあるほど
相続税評価額が高くなるようです。

母さんのこのマンションは駅前で立地条件がよく高層マンションの高層階だからまさに条件どおりです。いったい評価はどれくらい上がったのですか。

長男 樹一郎さん

晶子税理士

ここは36階建ての最上階ですから、評価が大きく上がりました。私が試算しましたところ、約2.8倍になっています。

えっ！ 相続税評価額はそんなに上がったのですか。
不動産屋さんと銀行さんが大きな節税になるからぜひにとすすめられて思い切って取得したのに残念です。

神戸花子さん

晶子税理士

でも、時価に比較すると、高くとも60％以下なのですから、現金で持っている場合と比べれば大きな節税になっていますので、がっかりされないでください。それより、時価で評価されるリスクが低くなったと思うと安心できますよ。

そういえばそうですね。この頃の資材の高騰でマンションの価額が上がり、この部屋も30％くらい値上がりしてますから、いい買い物をしたと思います。私は親から相続した株式も持っているだけなのに、配当も増え価格も上がり、金融資産も10億円ほどになっています。亡くなった夫の収入で豊かな暮らしができ、海外旅行にも何度も連れて行ってくれたので、私は相続した資産をほとんど使うことがありませんでした。その上、夫は資産運用にとても有益なアドバイスもしてくれて、このような財産を築くことができたのです。

神戸花子さん

相続税のことも心配だし、最後まで夫を苦しめた二男の草次郎のこともありますし、どうしたらよいのかについて、先生方のお知恵を拝借したいのです。

聡美弁護士：それは、相続税と民法の両方の面からの検討が必要ですね。

ではまず、晶子税理士と一緒に民法と相続税法の相違点からご説明しましょう。花子さんは相続税に2回も悩まされただけあって、相続税には非常に詳しいのですが、花子さんご自身は一人っ子だったので、相続争いは経験されていないため、民法については勘違いされていることがあるように私には感じられます。

## 民法上の財産とは

神戸花子さん：確かにそうですね。私は遺産分けでもめたことがなく、相続税では非常に困ったので、まずは税金対策が一番と思ってしまいます。でも、私の時の相続では、草次郎のこともあるし、よく考えないとだめですね。では、聡美弁護士、まずは民法の基本から教えてください。

聡美弁護士：花子さんの願いを形にするため、まず花子さんと緑さん、樹一郎さんに、民法に定める相続と、相続税法について説明し、ご理解いただくことから始めたいと思います。資産家の方は一般的に贈与や相続といえば、贈与税や相続税のことを思い浮かべることが多いのですが、実は民法上の原則と相続税法上の原則は異なっているのです。

贈与とは受贈者との贈与契約により贈与者から受贈者に贈与者の財産が移転することです。同様に、相続も被相続人の財産が被相続人の死亡を原因として、法律の定めにより相続人に財産が移転することで、いずれも財産の移転については民法という法律によって規定されています。

長女 緑さん：なるほど、まずは財産移転では民法が基本ということですね。でも、私たちは税金負担がわからないと、なかなか財産移転には踏み切れません。財産を相続や贈与で移転した場合、税金はどうなるのですか。

晶子税理士：民法により財産が移転したことにより生ずる課税が贈与税・相続税で、こちらは贈与税・相続税に関する税法によって規定されています。贈与・相続に対する民法と、贈与税・相続税に対する相続税法とは密

接に関連しているのですが、その内容は一部において異なっているのです。

　贈与税や相続税の常識で贈与や相続を考えると思わぬ勘違いが生ずることがあります。民法上、相続税法上の問題をしっかり理解しておかないと、もらった人が税金負担や財産分けで非常に困ることもあります。

　その場しのぎの判断では後々まで悩みを残すことにもなりかねませんので、贈与・贈与税と相続・相続税の違いについてしっかりご理解ください。

　本当ですね。私も母から相続税の支払いが大変だったことをいつも聞かされており、また母の所得税の申告の手伝いをしているので、どうしても税金の面から考えてしまう習慣があります。

長男 樹一郎さん

聡美弁護士

　財産とは土地や建物、預金や有価証券等だけでなく、贈与者や被相続人の所有する物のうち、金銭に見積もることのできる経済価値のあるものすべてをいいます。例えば、庭や灯篭、池に泳ぐ鯉などもその対象です。

　これらの財産を贈与するには贈与者と受贈者の両者の合意が必要ですし、相続の場合には遺言もしくは、相続人全員の合意による分割協議が必要なのです。民法上の相続財産の概念と相続税が課税される財産の概念は違っていますし、ほかにも法律と税務が異なる場面は随所に出てきます。

## 相続税法上の財産とは

　民法上の相続財産と相続税のかかる財産って違うんですか？　わたし、初めて知りました。お母様は知っていましたか。

長女 緑さん

　私も知りませんでしたよ。相続税のかかる財産が遺産だと思っていたわ。どんな風に違うのか、よくわかりません。

神戸花子さん

**晶子税理士**：はい、ほとんどの方が勘違いされていますので、それが普通です。民法上は財産といってよいものであるにもかかわらず、相続税のかからない財産もあります。よくあるものとして仏壇やお墓、祭具などがそれにあたります。

**神戸花子さん**：確かにそんなものに税金をかけられたら困りますよ。
買った時どんなに高くとも売ることができず、守っていくだけの財産なのですから。

**晶子税理士**：そのとおり、これらは国民感情に配慮された非課税財産です。それと同様の趣旨で、幼稚園や老人施設等に無償で貸している公益用財産についても、税金がかかりません。これらの贈与や相続による財産移転については税金がかからないので、つい遺産分割するのを忘れることがあり、誰のものかがわからなくなって困ることもありますのでご注意ください。だから、お墓やお仏壇などを生前に購入しておけば、税金のかからない財産を残すことになるともいえます。

**長女 緑さん**：なるほど、生前にお母様の気に入った仏壇や墓地用地を準備しておいてくだされば、相続税がかからないし、お母様が亡くなったからといって悲嘆に暮れている私たちが慌てなくてよいので非常に良い方法だわ。お母様ったら寂しいからといって、お父様の骨壺をずっとお側に置いたままじゃないですか。お父様と2人のための仏壇やお墓を、元気なうちに手に入れておいてくださいね。

**神戸花子さん**：本当に緑は遠慮のない子なんだから。私もそろそろ仏壇やお墓を用意しなくてはと考えています。樹一郎はどう思いますか。

**長男 樹一郎さん**：そういっている母さんも嬉しそうに笑ってるから、購入を検討した方がいいのではないですか。晶子先生、言いにくいアドバイスをくださり、ありがとうございます。

晶子先生、反対に民法上は相続財産ではないけれど、相続税や贈与税がかかるものって、どんなものがあるのですか。

長女 緑さん

晶子税理士

　経済的利益を受けた人の固有の財産であり、贈与契約や合意による分割協議がないにもかかわらず経済的利益が生じたとして、税法上においてのみ贈与や相続があったものとみなされ、その受贈者に贈与税や相続税が課税されることがあります。
　例えば、指名された受取人のものである生命保険金、支払う会社の規定により受取人として決定された死亡退職金、年金契約により受取人として指定された年金受給権などです。受取人が保険料や掛け金を払っていない場合には、新たに経済的利益が生じたとして、贈与税・相続税がかかるのです。
　これらは、被相続人や契約者等の固有の財産でなく受取人の固有の財産であるため、贈与を約束したり、分割協議をしたり、遺言書に書いておくものではなく、死亡や満期等の理由により、当然に受取人のものになります。税法上のみなし相続財産にすぎないのに、勘違いして、勝手に分割協議したり受取人以外の人が受け取ったりしないでください。

　なるほど。生命保険金や年金契約は誰にも言わず簡単に受け取れる便利な財産といえますね。だけど、贈与税や相続税がかかるのは他の財産と一緒なのですね。

神戸花子さん

晶子税理士

　そうなのです。遺言書もいらず、他の人の印鑑もいらず、受取人との合意がなくとも、受取人に残せる安心できるプレゼントとなりますので、私のお勧めですが、贈与税や相続税はかかります。

　生命保険金などのみなし相続財産については相続争いを避けることができるものであり、他の相続人である草次郎の了承もいらずにプレゼントできるから、とても優れているけれども、高額の場合には相続税や贈与税が多額にかかるので節税対策にはならないのが、残念です。

神戸花子さん

## 【相続又は遺贈により取得した財産の種類】

| 区分 | 法律上の根拠の有無 | 内容 | |
|---|---|---|---|
| 相続税がかかるもの | 法律上の財産 | 民法等 | 物権、債権、無体財産権、信託受益権、電話加入権など |
| | 法律上の財産以外のもの | 経済的価値のあるもの……営業権など | |
| 相続税がかからないもの | 法律上のもの | 民法等 | 従たる権利（質権、抵当権、地役権など） |
| | | 税法 | 相続税の非課税財産 |

（出典：市川康樹 編『図解 相続税・贈与税（令和6年版）』大蔵財務協会）

## 【みなし相続財産】

| 項目 | 内容 | 根拠 |
|---|---|---|
| 相続税法の定めにより相続税がかかるもの | ○生命保険金など | 相法3①一 |
| | ○退職手当金・功労金など | 相法3①二 |
| | ○生命保険契約に関する権利 | 相法3①三 |
| | ○定期預金に関する権利 | 相法3①四 |
| | ○保証期間付定期金に関する権利 | 相法3①五 |
| | ○契約に基づかない定期金に関する権利 | 相法3①六 |
| | ○その他の利益の享受 | 相法4、7～9 |
| | ○信託に関する権利 | 相法9の2～9の6 |

（出典：市川康樹 編『図解 相続税・贈与税（令和6年版）』大蔵財務協会）

## 相続で何も取得せずとも相続税を払う場合がある

草次郎は遺産をもらわないのだから、相続人は私と樹一郎さんの2人となり、2人だけが相続し相続税を払うことになるのですか。

いえいえ、相続人と相続税を払う人とは違うのです。

草次郎さんが遺産を相続しなければ、相続税はかからないと緑さんや樹一郎さんは思ってらっしゃるのではないでしょうか。原則はそうですが、必ずしもそういう訳ではありません。

贈与財産を相続時に持ち戻して課税し、相続税と贈与税を精算する"相続時精算課税制度"の適用を選択し、相続税の計算上、持ち戻されて支払うべき税額が生じた場合や、先ほどお話ししましたように、死亡保険金や年金に関する権利の受取人となり保険金等をもらった場合には、相続で何ももらわなくとも相続を放棄したとしても、相続人でなくとも相続税がかかることになるのです。

なるほど。相続人だからでなく、相続や遺贈で財産を取得したとみなされる人が相続税を払うのですね。あたり前といえばあたり前ですが、相続税という言葉だから相続人にかかる税金だと思っていました。

そういえば思い出しました。15年くらい前、草次郎の2,000万円の借金を肩代わりした時に、晶子先生に教えてもらって、草次郎がその相続時精算課税制度を選択したような気がします。

そうです。相続時精算課税制度を選択されて贈与税の申告をされています。もし、草次郎さんがそれらに感謝して、花子さんの相続に関しては相続を放棄したとします。

草次郎はそんな殊勝なことは、まずしないでしょう。
今までも、散々母さんたちの財産を持ち出して勝手に使ってるんだから。

長男 樹一郎さん

晶子税理士

私もそう思います。しかし、一般的には、生前贈与や生命保険金等の受取りにより、自分は親から多額の財産を生前に受け取っているのだから相続については放棄する方もおられます。このような殊勝な方であっても、相続を放棄し相続財産を何も取得しなくとも、生命保険金を受け取っている場合には相続財産を取得した者とみなされて相続税がかかりますが、相続人ではなくなりますので、残念なことに生命保険金の非課税措置等の有利な取扱いを受けることはできません。

また、草次郎さんのように相続時精算課税制度を選択していると、相続時に遺産を何も取得しなくとも相続税で精算を行わなくてはなりません。この場合、贈与でもらった財産に対する相続税のほうが高い場合が多く、贈与税との差額を納税することになり、放棄するのはやめるということになりかねませんので注意が必要です。

また、草次郎さんはそんなことはしないでしょうが、ほかの兄弟にはあまり現預金がないので、保険金だけをもらって相続放棄した者が借入金の一部や未払金を負担することもあるでしょう。これらの債務控除については、原則として相続人等でないと適用を受けられず、結果として税額が増えることもあります。相続税がかかる場合において、相続を放棄するかどうかは熟慮したうえでの判断が必要なのです。

### 孫を養子にする

よくわかりました。相続人と相続人でない人の相続税上の取扱いは大きく異なるのなら、確認したいことがあります。相続人でない孫を養子にして、一代飛ばしに財産を遺せば相続税対策になると聞いているのですが、この方法には問題はないですか。

神戸花子さん

　はい。確かに養子縁組することによって相続人の数が増えると、相続人の数を使って計算する相続税の基礎控除額や保険金等の非課税限度額が増加しますので、相続税が減少することになります。

　ただ、そのため何十人もの養子縁組をする人がいて、あまりにも目に余るケースが増えたので、今では「基礎控除額の計算」「生命保険金・退職手当金の非課税限度額の計算」上、相続人の数に算入できる養子の数は実子がいない場合には2人まで、実子がいる場合には1人までに数が制限されています。花子さんの場合には、税金対策としては養子による効果は1人のみです。

　何人養子をとっても、1人分しか相続税は安くならないのですか。だから、養子は一人しかできないっていわれているのですね。

　いえいえ、そんなことはありません。この制限を民法にも当てはめて考える人が多いのですが、民法上はいまだに養子の数については制限がありませんので、緑さんや樹一郎さんのお子様を何人でも養子縁組できますよ。

　なるほど。相続税が安くなる養子縁組は1人までだけど、民法上は何人でも養子にできるのですね。緑、それなら樹一郎の長男の大介が名門私立高校に入学したので、大介さえよければまずは大介と養子縁組しようと思っているのだけれど、緑はどう思いますか。

　私は樹一郎さんと大介君さえよければ賛成です。うちの子たちは娘だけだし、名字が変わるのは嫌だろうから養子縁組は遠慮しておきます。樹一郎さん、そうすればいいんじゃないかしら。

　姉さん、ありがとうございます。税金も安くなるし、私が相続させてもらう遺産の一部を一代飛ばしできるので、母さんがそう言ってくれて姉さんが賛成なら、早速大介に確認してみます。

神戸花子さん: 　樹一郎夫婦さえよければ、いっそのこと、二男の恭介も高校に入学したら孫養子にしてしまおうかしら。

聡美弁護士: 　いいお考えではないでしょうか。養子縁組したって、お二人のお孫さんと樹一郎さんご夫婦の親子関係が切れるわけではありませんから、相続を一代飛ばしでき、相続税が1回しかかからないのですから樹一郎さんもご安心でしょう。

晶子税理士: 　民法上ではそうですが、相続税法においては孫養子の場合はたとえ養子縁組していたとしても、実子が財産を取得した場合に対して相続税が2割加算されますのでご注意ください。

神戸花子さん: 　今まで勉強してきたことから考えると、緑の娘たちには養子縁組で遺産を渡すのではなく、生前に贈与をしたり、生命保険や年金契約の受取人にしたりしようと思います。遺産が少なくなるし、相続税の対策にもなるのではないですか。

## 令和6年から改正された贈与税

晶子税理士: 　確かに、相続税率より低い税率での贈与を繰り返すことは相続税の節税となりますから、おっしゃるとおりです。緑さんのお嬢様たちが相続税の納税義務者にならない限りは、効果的な方法です。しかし、花子さんが掛け金を掛けてきた死亡保険金や年金契約を受け取った場合には注意が必要です。なぜならば、相続税法では、相続等により財産を取得した者が相続開始前7年以内に贈与された財産及び相続時精算課税制度の適用を受けた基礎控除110万円を控除後のすべての贈与財産は加算されますので、これらの贈与は原則として相続税対策とならないことにご留意ください。

あら、贈与で節税するためには、保険金や年金契約の受取人は緑の娘たちにはしないほうがいいということですね。よくわかりました。

神戸花子さん

母さん、そういえば、この間と姉さんと3人で晶子税理士の相続税のセミナーにお伺いした時に、相続開始前贈与の加算期間が令和6年1月1日以後の贈与から7年に延長されたと聞いたよね。

長男 樹一郎さん

すっかり忘れてたけど、そう言われて思い出したわ。だから、相続開始前7年以内の贈与は節税としては無意味なのね。

神戸花子さん

もう、お母様ったら。精算課税制度を選択している場合、令和6年1月1日以後の贈与から110万円の基礎控除が創設され、その基礎控除部分については相続財産にも加算されず、少額の贈与の場合には非常に有利になったともセミナーでお聞きしましたが、晶子税理士はそのことを言われているのですよね。

長女 緑さん

晶子税理士

はい。でも、それ以外の贈与は相続税の対象外となりますので、上手に贈与することはベストな相続税対策となるのです。

例えば、お子様やその配偶者、お孫様たちに毎年500万円くらいの贈与を続ければ、7年を超えて年数が経てば経つほど大きな相続税の節税効果が表れます。特に18歳以上の直系尊属（子や孫等）への特例贈与は贈与税率が一般贈与より低いので、より効果が大きくなります。また、孫養子になって遺産を取得した方や生命保険金等のみなし財産を取得された方等を除き、相続の時に財産をもらわない方々は、相続開始前7年以内の直前の贈与であっても持ち戻しされませんから効果が確定し、非常に有効な対策です。

**【相続に関する相続税法と民法の違い】**

| | 相続税法 | 民法 |
|---|---|---|
| 養子にできる人数 | 「基礎控除額の計算」「生命保険金・退職金の非課税限度額の計算」などで相続人の数に算入できる養子の数<br>実子ありの場合：1人<br>実子なしの場合：2人 | 養子の数に制限はない。 |
| 養子のみなし実子 | 「配偶者の連れ子」を被相続人の養子とした場合、その養子は実子とみなす。 | 「配偶者の連れ子」を養子にする場合でも、特別養子縁組しない限り、普通の養子と同じ。 |
| 相続放棄した場合 | 次の場合は、相続の放棄があっても、その放棄がなかったものとして計算する。<br>・基礎控除額の計算<br>・相続税の総額の計算<br>・配偶者の税額軽減<br>・未成年者控除<br>・障害者控除<br>・相続人の数に含まれる養子の数の否認 | 相続人でない者には適用されない事項 |
| | 相続を放棄した者は相続人にならない。<br>・生命保険金の非課税枠<br>・退職手当金の非課税枠<br>・債務、葬式費用の控除 | |

## 民法上の贈与の認識

神戸花子さん

なるほどね。私が長生きして少額の贈与を相続しない家族に続けるのは、節税効果の高い方法なのですね。

聡美弁護士

このように生前に財産の承継者に対して財産を贈与することで、相続発生時に誰が何を相続するかで、もめることはなくなります。その意味で生前贈与により財産取得者を特定することは遺産分割の対策にもなります。

神戸花子さん

そう考えると、本当に贈与っていい方法ですね。私はまだまだ元気ですから、緑と樹一郎、そして4人の孫たち全員に500万円ずつ贈与して10年経てば、3億円もの財産を安い贈与税で渡せることになります。そして、相続財産に加算されないよう、その後7年以上がんばって長生きしようと思います。

長女 緑さん

お母様はまだまだ20年以上は元気に生きてくれると思うし、長生きしてくれればしてくれるほど効果があるなんて、嬉しい方法だわ。

聡美弁護士

勘違いがあるといけませんので、贈与に関する民法上の留意点をお話します。残念ながら、生前贈与は民法上の法定相続分に影響を及ぼすことはできません。なぜなら共同相続人が生前に贈与を受けた財産を特別受益額といい、この特別受益額は年数制限なく、遺産にすべて持ち戻されて相続分が計算されるからです。

**【贈与に関する相続税と民法の違い】**

| 相続税法 | 民法 |
|---|---|
| 原則：<br>相続等により財産を取得した者に相続開始前7年以内にされた贈与のみ[※1]<br>　ただし、贈与税の課税価格計算の基礎に算入されるものに限る<br>※1　延長された4年間の贈与総額から100万円は控除される<br>「相続時精算課税制度」により贈与されたものはすべて[※2]<br>※2　基礎控除を控除後の課税価格 | 特別受益者の相続分の計算：<br>年数制限なく原則としてすべて加算<br>【特別受益に当たるもの】<br>①遺贈<br>・遺言で贈与された財産<br>②生前贈与<br>・婚姻のための特参金・支度金<br>・養子縁組のための持参金・支度金<br>・生計の資本のための贈与<br>　（独立資金、住宅取得資金、海外留学資金）など<br>③生命保険金は場合によっては特別受益になることもあり得る |

神戸花子さん

えっ。それは残念。贈与で遺産が何もなくなれば草次郎に渡すものなどないと思っていたのに、草次郎の相続分をなくす対策にはならないのですね。節税になるのは嬉しいけれど、少しがっかりしました。

## 贈与税のかからない財産

晶子税理士

　相続分や遺留分を減少させる対策にはならないけれど、相続税法上、課税されない有利な贈与がありますので、気を取り直してください。
　相続税の計算では、相続財産に加算されるのは課税対象となるものだけです。よって、贈与税の計算において通常必要と認められる範囲のもの、たとえば高額であっても教育費や生活費は非課税となっており、相続税の計算上も非課税財産については当然、相続税の課税財産に加算されません。
　扶養義務者が子や孫の生活費や教育費を負担しても、それが社会常識の範囲で行われている限りは、贈与税は非課税と決められています。よって、最高の相続税対策は孫である緑さんや樹一郎さんのお子様の教育費、例えば医学部の学費や海外への留学費用等を花子さんが直接負担されれば、税金のかからない最適な贈与といえるでしょう。

> あら、嬉しいお話です。お母様が娘たちの高額の入学金を払ってくれると言ってるのですが、贈与税がかかるのではと心配していたのです。

長女 緑さん

晶子税理士

> ただし、緑さんや樹一郎さんはそれなりの収入や財産をお持ちですので、直接学費等を負担するのではなく一旦お2人にお金を渡した場合、お2人への贈与とされることもあります。また、お孫さんたちが贈与財産を使わずに貯蓄すれば贈与税は課税されますので、注意してください。

**【贈与税のかからない財産】**

| 種　　類 | 非課税の範囲 |
| --- | --- |
| ①　扶養義務者からの生活費や教育費のための贈与財産 | 扶養義務者から必要の都度、直接これらの用に充てるためもらった通常必要と認められる金額 |
| ②　社交上必要と認められる香典等 | 香典、花輪代、盆暮の中元や歳暮、祝い金、見舞い金などで、社会通念上相当と認められるもの |
| ③　公益事業用の財産 | 宗教、慈善、学術など公益を目的とする事業に供される部分 |
| ④　特定公益信託から交付される金品 | 学術奨励のため、又は学資支給を目的として支給される金品で所定のもの |
| ⑤　心身障害者共済制度に基づく給付金の受給権 | 全額 |
| ⑥　特別障害者扶養信託契約に基づく信託受益権 | 障害者非課税信託申告書に基づく信託受益権の価額のうちの6,000万円までの部分 |
| ⑦　公職選挙の候補者が贈与により取得した財産 | 国会議員、地方議会議員、知事、市町村長の選挙に関し、公職選挙法の規定により報告したもの |

| ⑧　離婚に際しての財産分与 | 離婚を手段として贈与税や相続税を不当に免れる場合以外のもの |
|---|---|
| ⑨　債務超過の場合の債務免除、債務肩代り、低額譲受け | 債務者が債務超過である場合、その額 |
| ⑩　法人からの贈与財産 | 贈与財産全額非課税。ただし、一時所得として所得税が課税される。 |
| ⑪　相続開始の年に被相続人から贈与を受けた財産 | 贈与財産全額非課税。ただし、相続税がかかる。 |

（出典：坪多晶子著『Q&A105新時代の生前贈与と税務』ぎょうせい）

## 非課税財産であっても相続分の計算では考慮されることも

聡美弁護士

　ただし、気を付けてほしいことがあります。民法上の相続分の計算では学費・結婚の際の持参金その他の生活費などについても特別受益として財産分けの際に持ち戻して遺産の分割が行われます。税法とは概念が大きく異なっているので勘違いする人が多くいます。
　お孫さんは養子縁組していない限り相続人とはなりませんので、緑さん宅の２人のお孫さんへの教育費負担は法定相続で遺産分割を行う限りは特別受益の持ち戻しの対象外です。ただ、樹一郎さん宅の２人のお孫さんを養子縁組してしまうと期間制限なく、相続人である孫養子への贈与として全て特別受益の持ち戻し対象となる可能性がありますのでご注意ください。

神戸花子さん

　あらまあ、養子縁組するかどうかますます判断が難しいです。私は相続税や贈与税がかからない非課税財産は、遺産分けでも相続の時に持ち戻されないと思っていました。大きな勘違いですね。
　これまでいろいろな対策を税金を中心に考えてきたので、他にも勘違いしていることはないか、心配になってきました。

晶子税理士：皆様が勘違いしがちな大きなポイントがもう1つあります。贈与財産を相続財産に持ち戻す際の評価額です。相続税法においては贈与時の課税価額となっていますので、贈与時と相続発生時を比較し、贈与財産が値下がりしていればかえって将来の相続税が増加することになり、贈与財産が値上がりしていれば将来の相続税が減少することになります。

まさに、相続税対策としての贈与の最重要ポイントは、値上がりが予想できるものか、収益を生むものを贈与することであり、民法の取扱いと大きく異なるのです。聡美弁護士からご説明いただけますか。

聡美弁護士：民法では生前に贈与した財産についても相続時の価額で相続財産に持ち戻した上で財産分けが決まりますので、相続財産の評価額は贈与してもしなくても結果は原則一緒なのです。今まで自分が親からもらってきた生活費等の贈与額を覚えているわけもなく、その現在価値など評価するのも大変です。また、特別受益の額は、特定の相続人に特別受益があると主張する相続人が立証しなければなりません。なお、遺言書があったとしても相続人には遺留分というものが保証されており、この遺留分の計算は原則として一定期間内の生前の特別受益額を持ち戻して計算します。相続争いに際してはこの特別受益額の計算が大問題なのです。

神戸花子さん：贈与をすれば、遺産ではなくなるので、遺産分けは解決すると思っていたのに、そうはうまくいかないのがよくわかりました。

聡美弁護士：実はそうなのです。ただ、法定相続分や遺留分の計算においては草次郎さんの取り分から花子さんが肩代わりした借金等は差し引くことができますので、きちんと証拠になるものを残しておくことも重要です。

役に立つこともあろうかと、しっかり保存してきましたが、重要な証拠となるのですね。よかった。

また、遺言を書くことによって、子たちで均分である法定相続分をその半分の割合である遺留分まで減らすこともできます。さらに、令和元年7月1日以後の相続から遺留分の請求について大きな改正があり、贈与を遺留分対策に活用できる方法も考えられるようになってきました。今までご説明してきたように、令和6年1月1日以降から相続税と贈与税の取扱いも大きく変わっています。これらをよく理解した上で贈与するのが効果的ですので、また、機会を改めてご説明したいと思います。

単に贈与しても、そうは簡単に草次郎の取り分をなくすわけにはいかないことがよくわかりました。また、いかに賢く贈与するかで贈与税と相続税を合わせた納税額の合計額が大きく変わることも理解できました。

草次郎以外の子や孫たちとは仲良くしているのですから、贈与税について晶子税理士からしっかり指南を受けて、賢く贈与を活用するとともに、聡美弁護士に相談に乗ってもらって、誰に贈与するか、誰と養子縁組するかを決めて、草次郎への対抗策にも万全を期します。その上で、緑と樹一郎の2人に公平に、税金に苦しむことなく財産を承継させる方法を実行していこうと思います。

お母様が築かれた財産なのですから、私も樹一郎さんもお母様の意思が何よりだと思っていますので、お母様の好きなようにしてくださいね。

本当にそう思います。私の何よりの願いは、父さんの分まで母さんが元気に長生きしてくれることですから。

こんな２人のためだからこそ、私も頑張っていろいろな対策をしていきたいと思います。これから、晶子税理士と聡美弁護士にいろいろ教えてもらい、節税にも気を配り、自分の死後も仲良く楽しい２人でいてくれるような解決策をきちんと考えていくことが、天国で待ってくれている夫への手土産だと思います。先生方、早速今後のスケジュールの打ち合わせをお願いいたします。

神戸花子さん

## Point

① 贈与・相続は所有者の民法上の財産移転であるが、財産が移転しても贈与税や相続税がかからないものがある

② 受取人固有の財産であっても贈与税や相続税がかかる生命保険金等のみなし財産がある

③ みなし財産を受け取る、相続時精算課税制度を選択するなどにより、遺産を何ももらわなくとも相続を放棄したとしても相続税がかかることがある

④ 孫への教育費等の非課税財産の贈与は相続税対策上効果がある

⑤ 孫に遺産やみなし相続財産を取得させると、生前贈与加算の対象者になる

⑥ 遺言によって法定相続分から遺留分に変更でき、贈与により遺留分対策を講ずることができる

# 第2章

# 遺言書をかしこく利用しよう！

# 事例 4 | 具体的相続分の計算は非常に難しい

## 名古屋仁さんの相談

　名古屋市に住む名古屋仁さんは宅地を何か所も相続で取得しており、現在も上場企業で役員として働き、その給料で豊かに暮らしています。相続争いの話をインターネットや雑誌で見かけ、自身の相続や相続税についてきちんと考えなくてはならないと思い始めました。来年に退職し時間ができる予定なので、いよいよ今後どうすべきかを考えるつもりであると友人に話をしたところ、父の相続で世話になって非常にうまく解決できたと税理士と弁護士を紹介してくれました。名古屋仁さんは娘の鈴子さんと一緒に、紹介された相続に詳しい聡美弁護士と相続税に精通している晶子税理士に、いろいろと教えてもらうことにしました。

## 名古屋仁さんとその家族の概況

　名古屋仁さんは名古屋市瑞穂区に300m²の自宅、10階建てのマンションが建っている750m²の宅地、500m²の駅前の立体駐車場、自宅裏に200m²の家庭菜園を所有しています。不動産経営は高校の同級生が経営している中堅不動産会社に任せており、立地条件がよいせいか順調で心配はありませんが、固定資産税の負担や借入金の返済で預貯金はほとんどありません。ただ、役員報酬も2,000万円ほどあるので、現在は妻の恵子さんと余裕のある生活をしています。長男の和夫さんと長女の鈴子さんには十分な教育を受けさせ、2人とも立派に社会人として活躍しています。長男の和夫さんは東京のIT企業に勤め、長女の鈴子さんは中学校の教師をしており、今は仁さん夫婦と一緒に暮らしています。

　仁さん夫婦は名古屋に残っている鈴子さんに不動産管理を任せたいと思っており、鈴子さんも婿養子を取って名古屋家を引き継ぐつもりです。和夫さんは世界に羽ばたきたいと望んでいるため異存がないと思っているのですが、まだ何も話していません。自分の父の相続の時は2人の妹は何の異議も唱えず、遺産分割協議書に署名捺印してくれたので、民法の決めている相続分はよくわかっていません。そこで、まずは法律上、どのように定められているかを勉強するつもりです。

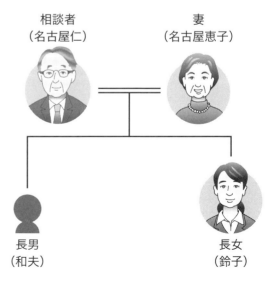

## 遺言書がなく相続が発生した場合の法的な取扱い

名古屋仁さん

　晶子税理士、将来的には鈴子に名古屋家を引き継いでもらうつもりです。和夫と鈴子は幼いころから兄妹仲がよく、私が亡くなっても何ら問題がないと思っています。
　ただ、この頃あちこちで遺言書を書くよう推進していると聞いてなぜか不思議に思い、心配になってきました。そこで、聡美弁護士と晶子税理士に、遺言書がなく相続が発生した場合にはいったいどのようなことになるのか、また、遺言書があればどうなるのかお聞きしたいと思います。

晶子税理士

　そうですね。それではまず、聡美弁護士に人が亡くなって相続が起こるとどのような問題があるのか、話していただきましょう。

聡美弁護士

　法律上死者は権利の主体となれませんから、人が死亡すると、その亡くなった人（以下「被相続人」といいます。）の財産がどうなるのかを法律で定めておく必要があります。これが民法に規定のある相続という制度であり、被相続人の財産（相続財産）は誰に帰属するのか、その割合等はどうするのかという点について様々な規定を置いています。

名古屋仁さん

　なるほど。私が亡くなると私の財産が誰のものになるか法律で決めておかないと、戦国時代のように分捕られてしまう可能性があったのですね。では、法律では相続はどのように決まっているのですか。

聡美弁護士

　法律で取得者や割合が決まっている相続のことを法定相続といいます。法定相続とは、被相続人が遺言等を遺すことなく相続が発生した場合の制度で、相続財産の取得者は法定相続人のみであり、その相続分は民法で定められた法定相続分によります。
　誰が法定相続人であるかは、代襲相続や相続放棄、相続人廃除の有無、その被相続人の死後分割手続の前に相続人のうちに死亡している

者がいるか（数次相続）によっても変わってきますので、戸籍等を調べて十分に確認しておく必要があります。

漠然と知っていましたが、法律がそこまで定めていることを初めて知りました。では、誰がどの財産を相続するかはどのようにして決まるのでしょうか。

長女 鈴子さん

聡美弁護士

法定相続の場合、相続が発生したことだけによって具体的な財産（土地・建物、株式等の有価証券、家具や装飾品、現金等の動産類）の取得者が決まるわけではなく、法律的には全部の相続財産を相続人全員で共有している状態になっています。この法定共有状態から、各相続人が具体的に取得する財産を決める手続が「遺産分割手続」です。遺産分割の手続には、通常の話し合いを行う「協議」のほか、家庭裁判所の手続を利用する「調停」や「審判」といったものも存在します。

私の遺産の法定相続とは相続人が相続分を共有で取得することなのですね。では、法定相続人とは誰のことですか。私の兄弟も相続人なのですか。

名古屋仁さん

聡美弁護士

まず法定相続人の順位からお話ししましょう。
配偶者は常に相続人となります。配偶者は、他に血族相続人がいれば血族相続人とともに、血族相続人がいなければ配偶者のみが法定相続人となります。血族相続人とは、配偶者以外で被相続人との血のつながりによって相続人となる立場の者をいいます。血族相続人には優先順位があり、前の順位の相続人が存在するときは、後順位の者は相続人にはなりません。

血族相続人という言い方をするのですね。はじめて知りました。具体的には、どのような順番ですか。

長女 鈴子さん

　血族相続人の第1順位は被相続人の子で、常に相続人となります。子が被相続人より先に亡くなっている場合は、子の子、つまり被相続人から見れば孫や場合によってはひ孫が子の代わりに相続人となります（代襲相続）。

　第2順位は被相続人の両親や祖父母といった直系尊属で、被相続人の子がいない場合に相続人となります。直系尊属は、親等の最も近い者だけが相続人となります。養親を含む父母のうち1人でも存命の場合は、仮に祖父母が存命でも祖父母が相続人となることはありません。

　第3順位は被相続人の兄弟姉妹で、被相続人の子や直系尊属がいない場合に相続人となります。兄弟姉妹が被相続人より先に亡くなっている場合は、兄弟姉妹の子、つまり被相続人から見れば甥や姪がその代わりに相続人となります（代襲相続）。兄弟姉妹の場合は、子の場合と違って再代襲の規定がないため、甥や姪の子までが相続人となることはありませんので、注意してください。

　なるほど…。知らないことばかりでした。残されて承継するのは私ですから、よく知ることが何よりも大切ですね。

　テレビや小説で、遠い親戚が亡くなって遺産が転がり込むなどというストーリーがありますが、日本の民法においては遺言書がない限り、相続人以外は遺産を取得できないので、そのようなことは起こりえません。遠くても甥や姪までなのですね。

　お子さんがいらっしゃる名古屋さんの遺産は、法律ではご兄弟にわたることはありません。また相続割合も民法で決まっていますので、聡美弁護士に説明していただきましょう。

## 法定相続分の意味と法定相続分の割合（民法900条）

聡美弁護士　法定相続分とは、被相続人が遺言等による相続分の指定や遺贈を行わなかった場合の相続分のことで、法律によって定められています。法定相続分は、誰が相続人であるかによって相続人ごとの割合が異なります。

名古屋仁さん　法定相続分はよく聞く言葉ですが、具体的には、どのような割合になるのでしょうか。

聡美弁護士　配偶者は常に相続人となりますが、その相続分は配偶者以外に誰が相続人であるかによって異なります。
　被相続人に子（代襲相続人である孫を含む）がいる場合の配偶者の法定相続分は2分の1となり、子がおらず直系尊属（被相続人の父母や祖父母）がいる場合の配偶者の法定相続分は3分の2となり、被相続人に子も直系尊属もおらず兄弟姉妹だけがいる場合は配偶者の法定相続分は4分の3となります。また、被相続人に血族相続人がいない場合は、すべての相続財産を配偶者が相続することとなります。

長女 鈴子さん　なるほど、配偶者であるお母様についてはイメージできました。血族相続人である私たちはどのような割合になるのですか。

聡美弁護士　血族相続人には順位があり、誰が血族相続人となるかによって法定相続分が異なります。
　第1順位である子の法定相続分は、配偶者がいる場合は2分の1であり、配偶者がいない場合はすべての相続財産を相続します。
　子が複数いる場合は、それぞれの相続分は等しいものとされていますので、「子の相続分」全体を、子の数で頭割りにして計算することになります。民法が改正され、現在は嫡出子と非嫡出子の相続分は等しいとされています。
　第2順位である直系尊属は、親等の最も近い者だけが相続人となり、

同じ親等の直系尊属が複数人存在するときはその全員が相続人となります。

直系尊属の法定相続分は、配偶者がいる場合は3分の1であり、配偶者がいない場合はすべての相続財産を相続します。

直系尊属である相続人が複数いる場合は、それぞれの相続分は等しいものとされています。例えば、父母の両方が存命の場合の相続分は各自2分の1ずつ、父母がすでに亡くなり祖父母のうち3名が存命の場合の相続分は各自3分の1ずつとなります。

親より先に亡くなるのは親不孝ですが、この頃は子のいない夫婦も増えています。子がいないと多くの場合は兄弟姉妹が相続人になるそうですが、その割合はどうなりますか。

名古屋仁さん

聡美弁護士

第3順位である兄弟姉妹の法定相続分は、配偶者がいる場合は4分の1であり、配偶者がいない場合はすべての相続財産を相続します。

兄弟姉妹が複数いる場合は、それぞれの相続分は等しいものとされ、頭割りで相続分を計算します。ただし、父母の双方を同じくする兄弟姉妹に対して、先妻の子と後妻の子のような父母の一方だけを同じくする兄弟姉妹（「半血の兄弟姉妹」といいます。）の相続分は2分の1となります。

配偶者がいる場合の法定相続分をまとめると次図のとおりです。

【配偶者がいる場合の法定相続分】

|  | 配偶者の相続分 | 血族相続人の相続分 |
| --- | --- | --- |
| ①子がいる場合 | 2分の1 | 2分の1 |
| ②子がおらず、直系尊属がいる場合 | 3分の2 | 3分の1 |
| ③子も直系尊属もおらず、兄弟姉妹がいる場合 | 4分の3 | 4分の1 |

（注）複数の血族相続人がいる場合は、立場が同じもの同士の間では相続分が等しいものとして計算する。

聡美弁護士のご説明で名古屋さんの遺産は、法定相続の場合は配偶者が2分の1、長男と長女が4分の1ずつ相続することがわかっていただけたと思います。ただ、そのまま全部共有であったら不便でしょうがないと思いますが、一般的にはどういう処理をするのでしょうか。

## 法定相続の場合の遺産を分割する方法

法定相続の場合、法律は各相続人の相続する割合（法定相続分）を決めているだけで、それぞれどの財産をどの相続人が取得するのかということまでは決めていません。通常、被相続人は不動産や預貯金、株式等の有価証券等、様々な財産を持っているため、例えば相続人2人の法定相続分が等しくても、何を取得するのかを決めなければなりません。具体的な分け方を決めない限り、遺産は法定共有状態となってしまいますので、単独での名義変更や処分をすることができなくなり、大変煩雑なことになってしまいます。

遺産を法定相続分に基づいてどのように分けるのかを「遺産分割」といい、基本的には相続人全員による話し合いでの合意によって行われることとなります。これを「遺産分割協議」といい、遺産分割協議の中では、法定相続分どおりでなくても相続人全員が納得しさえすれば、自由に具体的な取得財産を決めることができます。

単なる話し合いでは決められない場合には、家庭裁判所に遺産分割調停を申し立て、それでもまとまらなければ遺産分割審判に移行することとなります。

【遺産分割協議がまとまらない場合の流れ】

・遺産分割協議（全相続人での私的な話し合い）

・家庭裁判所での遺産分割調停（裁判所が間に入る公的な場での話し合い）

・家庭裁判所での遺産分割審判（さまざまな事情を考慮したうえで、法定相続分に基づいて裁判官が決定）

仲のよい兄妹なので遺産分けでもめないとは思うのですが、私たちの死後に鈴子と和夫が争うような事態だけは避けたいものです。

 名古屋仁さん

和夫兄さんは昔から私にはとても優しく、俺は世界中を飛び回るから、父さんと母さんのことはお願いと頼んでいましたから、もめないと思うわ。

 長女 鈴子さん

 晶子税理士

ただ、名古屋家は大地主で土地の価額が非常に高いので、相続が発生すると複雑な問題が生じないか、少し心配です。名古屋家のように仲良くても少しは心配になるのですから、関係がうまくいっていない親子や兄弟ならば、ひと悶着起こるのも仕方ないと思われます。聡美弁護士、生前に手を打っておく良い方法はないのでしょうか。

## 法定相続制度と遺言・死因贈与の優先順位

 聡美弁護士

法律的には、被相続人が遺言（法律上の要式により遺言書を作成するもの）や死因贈与契約（生前の被相続人と受贈者が被相続人の死を原因として財産の贈与を受ける契約で、契約書等を作成する）を行っていた場合、法定相続よりも被相続人の意思が優先されることになります。つまり、遺言や死因贈与契約は法定相続制度に優先することになりますので、自分の死後に法定相続どおりでない遺産分けや具体的な遺産の配分を考えておられる方は、あらかじめ遺言書の作成等で対策を行っておく必要があります。

ただし、遺言等は兄弟姉妹以外の相続人に認められた「遺留分」には対抗できませんので、遺言書等を作る際も遺留分についてはどう対処するのか気を配っておく必要があります。

聡美弁護士の話でよくわかりました。相続が法律できちんと定められているといっても、私の財産は大半が不動産で、まずは妻の恵子、それから後継者の鈴子に承継してもらうつもりなので、和夫に預貯金を渡したとしても法定相続分である全財産の4分の1には届きません

 名古屋仁さん

し、私には法定相続分どおりに分けることが公平とも思えません。遺産分けについて、遺言書の作成も含めてしっかり考えてみたいので、具体的に相続分の計算方法について教えてください。

## 特別受益を考慮した具体的相続分

仁さんは、長男の和夫さんが東京でマンションを購入されるときに住宅取得資金贈与の非課税特例を適用して3,000万円の贈与をされています。また、これには私は賛成ではなかったのですが、親戚に勧められ配偶者の恵子さんも住んでおられる土地・建物の評価額のうち2,000万円分の持分の贈与もされました。どちらも贈与税がかからず、相続税対策になるのですが、相続分はこのような贈与にも影響を及ぼすのか、お知りになりたいそうです。

民法で定められた法定相続分自体は、各相続人が生前どのようなことをしていたかに関わりなく、一定の親族関係等で一律の割合で決まっています。しかし実際には、相続人の中には、被相続人の生前に和夫さんのように何千万円ももらっている人や、反対に被相続人にずっと経済的な援助をしてきた人等、現実の相続においては様々な事情があります。このような場合にも、単に法定相続分の割合を一律に適用したのでは、相続人の間で実質的にはきわめて不公平だと感じてしまうことがあります。

そのような場合に、法律は、生前贈与のような特別受益や被相続人への資金援助のような寄与分という考え方を取り入れ、個別の事情を反映して各自の相続分を修正できる可能性を認めています。これを「具体的相続分」といいます。遺言等のない完全な法定相続の場合でも、特別受益や寄与分の範囲では法定相続分を修正することができるのです。

民法は本当に平等という概念を大切にしているのですね。この具体的相続分はどのようにして計算するのでしょうか。

具体的相続分の計算方法は、被相続人から受けた利益である特別受益については相続財産の額に戻して、被相続人に与えた利益である寄与分については相続財産から除外して、各自の具体的相続分を計算することになります。

例えば、被相続人が配偶者に先立たれ、2人の子のみが法定相続人であったとします。亡くなった時点の相続財産の額が1億3,000万円、相続人は長男と長女の2人だけである場合に、長女には3,000万円の特別受益があり、長男からは資金援助という1,000万円の寄与分があるという事例で考えてみましょう。

【特別受益と寄与分の事例】

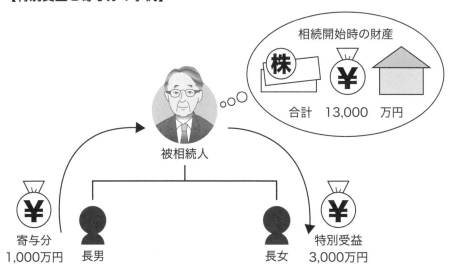

①特別受益と寄与分を考慮した具体的相続財産の額
　　（遺産）　　（特別受益）　（寄与分）
　　13,000万円＋3,000万円－1,000万円＝15,000万円
②長男の具体的相続分
　　（15,000万円×$\frac{1}{2}$）＋1,000万円＝8,500万円
③長女の具体的相続分
　　（15,000万円×$\frac{1}{2}$）－3,000万円＝4,500万円

つまり、特別受益と寄与分を考慮して具体的相続分を求めると、被相続人の死亡時の財産1億3,000万円は、長女が8,500万円、長男が4,500万円とするのが具体的相続分であるということになるのです。

なるほど、生前贈与や生前の貢献によって最後の遺産の分け方が異なりますね。ただし、名古屋家は大地主なので、仁さんがご家族に経済的には世話になったことはないと思います。

はい。私は妻や子から経済的な援助など受けていませんので、寄与分については関係ありませんので、持ち戻し対象となる特別受益について詳しく教えてください。生前贈与に限定されるわけではありませんよね。

## 特別受益の意義と定義

特別受益とは、相続人の中に被相続人から特別の利益を受けた者がいる場合の不公平を調整するために設けられた制度です。特別受益に当たる場合は、その受益については「遺産の前渡し」としての性質を持つものとみなされ、受益者はすでに遺産の一部を先に受け取ったものとして具体的相続分が計算されるのです。

なるほど、遺産から一部をすでに受け取ったものとして計算するのですね。

民法では、相続人に対する贈与等のうち、次のものが特別受益であると定められています。
　① 遺贈
　② 生前贈与
　　（イ）婚姻、養子縁組のための贈与
　　（ロ）生計の資本としての贈与
これらのうち、①の遺贈は、被相続人が作成した遺言によって得るものであるためわかりやすく、特段の問題はありません。しかし、②（ロ）の生前贈与については、いったい何が「生計の資本」に当たるのか客観的に明らかではなく、しばしば紛争の原因になっています。
　特別受益は、その名のとおり相続人にとって「特別な」利益を受け

た場合でなければなりません。贈与と一口にいっても、いわゆるお年玉や小遣いまで古い話を事細かに追及するのは現実的ではなく、後からの証明も困難です。それゆえ、「特別の受益」に限定しているのですが、何が特別であるかは、各被相続人の資産や収入、家庭事情によっても異なります。多少の金額の違いはあっても、すべての子の結婚の際に挙式費用等を負担している場合は少し挙式費用が高くなった相続人に「特別受益がある」とは言いにくいでしょう。一方、まとまった事業資金や自宅取得の頭金等の贈与を受けた者がいる場合は、「特別受益である」という認定を受けやすくなるといえます。仁さんの場合は、奥様とご長男和夫さんへのそれぞれの非課税贈与がこの特別受益にあたることは確実といえるでしょう。

贈与税についてはいつも勉強していたのである程度理解できるのですが、民法上の特別受益についてはわかりにくいです。もう少し詳しく教えてください。

名古屋仁さん

## 特別受益の持戻免除の意味（民法903条3項）

聡美弁護士

　名古屋家の場合にはまとまった非課税のための贈与ですから証拠も残っており、あまり問題にはならないかもしれませんが、特別受益には期間の制限がないため、何十年も前の古い資金援助等の話が主張されることがあります。しかし、このような古い話には証拠がないことが多く、父母のどちらから受けた受益かもはっきりしないまま、単に不公平であるという感情のぶつけ合いになってしまうこともあります。実際に家庭裁判所で特別受益が争われるのは、個別の手続がないため、遺産分割調停等の場面になりますが、司法統計では1割程度しか特別受益の主張が認められた例はないようです。相手が認めているのであればともかく、争いがある場合には、金銭の動き等について預貯金の履歴等の客観的な証拠がない限りは、なかなか認められないものだと考えたほうがよいでしょう。

**晶子税理士**　税金の贈与の考え方とは違っているのが、よくわかります。でも、その時の事情で生前贈与したのだから、相続の時にまでそれを含めなくてもいいと仁さんが思われるなら、そういう措置はできませんか。

**聡美弁護士**　特定の相続人への生前贈与等が特別受益に当たるとしても、被相続人がその持ち戻しを免除することができます。これは、被相続人が、遺言等で「〇〇に対する□□の贈与は相続分の前渡しではないから、戻して計算しなくていいよ」という意思を表示している場合、被相続人の意思が優先され、特別受益としての計算を行わなくてよいことになっています。これを特別受益の持戻免除といいますが、生前贈与が原因でもめごとを作りたくない場合には、有効な方法といえます。

　もっとも、持戻免除は遺留分侵害額請求の際には意味がありません。遺留分の計算の際には、原則として相続人に対する相続開始前10年以内の生前贈与の額を特別受益としてすべて持ち戻して遺留分の額の計算を行うことになりますから、後でもめないためには贈与財産が遺留分を侵害していないかということにも気を付けておくとよいでしょう。

**名古屋仁さん**　よかった。和夫に対する贈与はともかく妻の恵子に対する自宅の贈与は別枠で考えてほしいと思っています。それには遺言書といった文書を書かなくてはならないのですね。

**聡美弁護士**　ところが、民法の改正で婚姻期間20年以上の夫婦間での居住用不動産の贈与又は遺贈の場合は、特に遺言等がなくともこの持戻免除があったものと推定する規定が設けられました。このため、令和元年7月1日以降の配偶者間の自宅贈与については遺言等がなくとも、原則は特別受益として持ち戻す必要がないことが明確にされています。

名古屋仁さん

　妻の恵子に対する自宅の贈与は平成のうちに行っていますから、やはり遺言書などが必要で、遺言がないと、法的には贈与税がかからず贈与できたけれど、遺産はその分余分に渡せないことになるのか。

晶子税理士

　聡美弁護士、相続においては長男の和夫さんの留学費用についてはどう考えたらよいのでしょうか。相続税法では、教育資金については妥当な金額である場合には贈与税はかかりません。

聡美弁護士

　仁さんが和夫さんに贈与した住宅取得資金については、明らかに特別受益に当たるでしょう。これに対し和夫さんに対する留学費用が鈴子さんに対する学費負担よりも高額であるということが直ちに生計の資本の贈与として「特別の受益」といえるのかについては、難しい問題があります。
　現在の日本では、ほとんどの人が高等学校へ進学するため、高校卒業までの学費が特別受益となるとみられることは基本的にはないと考えられます。しかし、大学以降のいわゆる高等教育の学費等については、学費等の金額が高額になることもさほど珍しくないため、特別受益に当たるか否かは常に争点となっています。

名古屋仁さん

　なるほど。時代とともに教育費の概念も変わるのですね。具体的な金額の基準はありますか。

聡美弁護士

　特別受益に当たるか否かを判断する際は、各家庭においてそのような利益を与えることが「遺産の前渡し」としての性質を有するほどの特別な贈与なのかということを、ケースバイケースで判断していくことになります。各家庭や進学先によっても経済状況や進学状況等の条件はさまざまであり、結局は学費等の金額の多寡、相続人間でほぼ同等の教育を受けたのか、家庭の収入や社会的地位などによっても結論は異なってくるでしょう。
　学資である以上は、一定程度の支出は親の負担すべき扶養義務か通常必要な生活費の範囲内に入り、これを超えた不相応ともいえる学資

のみを特別受益と考えるべきであるという立場が理解しやすいでしょう。親の収入も高く、家計に十分な余裕があるのであれば、よほど兄弟間における学費等の総額に差がない場合は望んだ子に高等教育を与えたとしても特別なことではないと思われます。一方、親の年収からすると相当高額な学費を要するような高等教育を受けたのであれば、他の相続人と比較して、特別受益として精算すべき場合となるでしょう。名古屋家の財産状況や兄弟間の学費から考えると、この留学費用は特別受益と考えなくていいのではないでしょうか。

名古屋仁さん

いやあ、公平に分けるって難しいことなのが、よくわかりました。だから、相続争いが勃発するのか……。

聡美弁護士

実際の紛争では、各相続人の具体的な事情が特別受益や寄与分にあたるのか否かが争われるケースがほとんどです。また、仮に特別受益等にあたったとしても、その金額をいくらと評価するかでも争いになることが多く、特別受益等の金額がはっきりしているのであれば、その後の計算自体でもめることはあまりありません。

## 遺言がある場合の相続と遺産分割の期間制限

名古屋仁さん

このような法定相続の場合の特別受益の取扱いと遺言がある場合の相続は異なっているのでしょうか。

聡美弁護士

はい、法定相続での特別受益等に対し、遺言がある場合はまったく話が変わってきます。遺言があれば、原則は遺言書に記載されたとおりに分割することになります。遺留分の問題は別ですが、例えば、配偶者と鈴子さんに承継用不動産を2分の1ずつ、和夫さんに預貯金や上場株式等の流動資産を遺すことも可能です。

また、配偶者の2次相続を踏まえ相続税の対策を考えた分割方法を

指定した遺言を作成することも可能で、遺言があれば全員の合意での遺産分割協議も必要ありません。万が一、仁さんの相続開始時に奥様が認知症等になっていたとしても、分割協議が不要で相続の名義変更等の手続が進められる点は安心できるのではないでしょうか。

なるほど。それは安心ですね。
もう一点、質問してもよろしいでしょうか。
実は私は父から相続して登記をしていない土地を有しているのですが、最近は相続登記が義務になったとか、遺産分割に期限ができたなどの話を聞くことがあるのですが、どういうことなのでしょうか。

令和3年4月に成立した民法や不動産登記法の改正ですね。
相続登記の義務化については令和6年4月1日から施行されており、所有者の住所変更登記の義務化については令和8年4月1日から施行されます。これを怠ると過料の対象、つまり罰金を払わなければならないのです。持ち主が不明で活用できない不動産の問題に対処するための法改正です。

遺産分割は完了して書類もそろっているので、早急に土地の相続登記を済ませようと思います。遺産分割に期限が定められ、期限後は法定相続割合でしか登記できないなんてことはありませんか。

遺産分割に期限ができるという話を聞かれたのだとすれば、これは誤りです。遺産分割自体は、改正後も期限なく行うことができます。期限ができるというのは、相続開始から10年を経過した遺産分割については、特別受益と寄与分の規定が適用されない、ということなのです。何十年も前の特別受益等をいつまでも争うことによって決着しない相続紛争を防止する狙いで改正されました。
なお、遺産分割自体、話し合い（協議や調停）で全員が納得するのであればどのような分け方をしてもかまいませんから、これは10年以上経った相続の場合でも変わりません。

遺産分割は10年経っても、何年経ってもできることがわかりましたが、では、どういった場合に、特別受益等の持戻しが10年の期限付きとなるのですか。

長女 鈴子さん

聡美弁護士

問題は家庭裁判所が分け方を決める審判の場合で、相続開始から10年以上何ら手続されていない場合には特別受益等は一切考慮されない分割方法になってしまうのです。

なるほど、私に相続が発生すると、いろいろな問題が噴出することも考えられるのですね。今までのご説明で、遺言書を書かないと原則は法定相続になるけれども、相続人全員が納得すればどのような分け方もできることがわかりました。鈴子と和夫の兄妹は本当に仲がいいので、まずは問題はないでしょう。

ただ、遺言書を書いておけば、原則そのとおりになるのもわかりましたので、鈴子と和夫が仲の良いままこれからも過ごしてほしいからこそ、遺言書を書いておくのも1つの方法ですね。一度検討してみます。

そのために、聡美弁護士、次回は遺言書の書き方についても教えてください。そして、晶子税理士、どうしたら相続税を節税して納税することができるのかも教えてください。

名古屋仁さん

## Point

① 相続が発生した場合には法定相続人が法定相続分により相続する
② 法定相続分とは、遺産に特別受益や寄与分を考慮した具体的相続分になる
③ 相続開始後10年経過すると、審判等の場合、特別受益等は一切考慮されない
④ 全員の同意による遺産分割は法定相続分にかかわらず全く自由にできる
⑤ 遺言書があると遺留分の問題を除き、そのとおりとなる

# 事例 5 | 自筆証書遺言の法務局保管は安心安全

### 名古屋仁さんの相談（事例4の続き）

名古屋市に住む名古屋仁さん、恵子さん夫妻は自分たち亡きあとは、後継者の鈴子さんに名古屋家の不動産を承継し守ってもらうつもりです。この話に同意してもらったうえで婿養子になってくれる同僚の教師と鈴子さんはこの秋に結婚する予定です。世界的ビジネスに取り組んでいる兄の和夫さんもそれを納得し応援すると言っています。ただ、自分たち夫婦がいなくともこの関係が続くように、名古屋夫妻は遺言書を書くことにしました。そこで、以前から、何かと相談に乗ってもらっている相続に詳しい聡美弁護士と相続税に精通している晶子税理士に、遺言書の書き方と法務局保管制度について教えてもらうことにしました。

### 名古屋仁さん、恵子さんの遺言書作成の決意

名古屋仁さんは名古屋市瑞穂区に300m²の自宅、10階建てのマンションが建っている750m²の宅地、500m²の駅前の立体駐車場、自宅裏に200m²の家庭菜園を所有しています。自分の相続の時には配偶者の税額軽減を適用し税額を抑えるため、不動産の2分の1を妻の恵子さん、残りの2分の1を鈴子さんに、預貯金は兄妹で2分の1ずつ相続させたいと思っています。

妻の恵子さんも同様に、仁さんから相続した不動産は後継者の鈴子さんに、預貯金は兄妹で2分の1ずつ相続させたいと思っています。

不動産を売らずに納税できるかどうかもわかりませんが、ともかくこの案でまずは簡便で安全な自筆証書遺言を作成し、法務局に保管するつもりです。

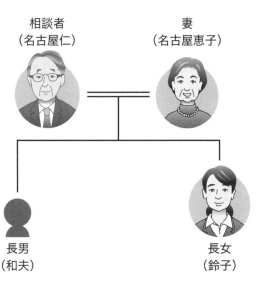

## 自筆証書遺言の作成の際の注意点

名古屋仁さん

　私たちは家族でいろいろ話し合い、妹の鈴子が名古屋家を承継し、和夫は世界で活躍しながら鈴子を応援していくということでまとまっています。もめることはあまり考えられないのですが、私たち夫婦が2人とも亡くなった後、何が起こるかは断言できないので、仲良く過ごしてほしいからこそ遺言書を書こうと思います。今後の書き直しも考えられますので、簡単で費用のあまりかからない自筆証書遺言を書き、法務局に保管しておこうと思っています。まずは自筆証書遺言の要件を教えてください。

聡美弁護士

　遺言は、15歳以上であり、かつ、これを十分に理解できる能力（意思能力）を有する人間が行うことができ、自分の死後の財産の帰属等を決めることのできる法律行為です。その中でも、「自筆証書遺言」は多くの方が容易に作成できるものとして注目を集めています。
　自筆証書遺言とは、「自筆証書によって遺言をするには、遺言者が、その全文、日付及び氏名を自書し、これに印を押さなければならない」（民法968①）、「自筆証書（前項の目録を含む。）中の加除その他の変更は、遺言者が、その場所を指示し、これを変更した旨を付記して特にこれに署名し、かつ、その変更の場所に印を押さなければ、その効力を生じない」（民法968③）と、民法で定められている遺言の方法です。
　自分で文字を書くことができ、印鑑を押せば作成できるうえ、今では財産目録を印字で作成できるようになりましたので、遺言の中では最も簡単な方法といえます。その反面、法律上の要件を満たしていなければ無効となるリスクも最も高い遺言方法ですので、残された相続人の負担にならないよう、無効にならない書き方を押さえておくことが重要です。

名古屋仁さん

　要件が色々あるので、きちんと確認することが大事なことがよくわかりました。早速、自筆証書遺言を書く際のポイントについて教えてください。

まず、第一のポイントは直筆で書くことです。自筆証書遺言は、「財産目録以外の全文を自分の手で書く」ことが要件で、これを守らないと有効な遺言にはなりません。過去の裁判では、他人が手を添えて運筆を助けたものが無効とされています。また、かつては本文は全文自署したが財産目録をパソコン等で作成したものが無効な遺言とされていましたが、今では自筆証書遺言の目録を印字で作成できるようになっています。

なお、自筆証書遺言は法律で要式が決まっていますので、遺言者の意思を伝えるものだとして紙に書かずに録音や映像を残していても、「遺言」としては認められません。

財産目録についてはパソコン等で作ったり、通帳や登記記録の原本のコピーでもよいと言われましたが、目録作成上の注意点はどのようなことですか。

財産目録を作成した場合は、印字した紙面の1枚ずつに署名・押印をしなければなりません。この目録が両面印刷になっている場合は、裏面と表面の両方ともに署名・押印の必要がありますので、印字で目録を作成される方はご注意ください。

実際の遺言書の見本を見せていただくとわかりやすいので、何か参考になるものがありませんか。

ありますよ。法務局のホームページに大々的に記載されています。この遺言書のひな型と注意事項を見てみましょう。

## 遺言書の様式の注意事項

以下は，本制度で預かる遺言書の形式面での注意事項です。遺言書保管所においては，遺言の内容についての審査はしません。

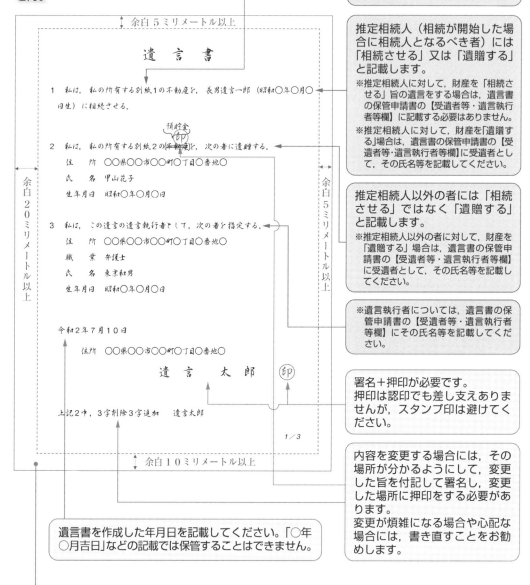

- 財産の特定のためには，遺言書に財産目録を添付いただいた方が確実です。

- 推定相続人（相続が開始した場合に相続人となるべき者）には「相続させる」又は「遺贈する」と記載します。
  ※推定相続人に対して，財産を「相続させる」旨の遺言をする場合は，遺言書の保管申請書の【受遺者等・遺言執行者等欄】に記載する必要はありません。
  ※推定相続人に対して，財産を「遺贈する」場合は，遺言書の保管申請書の【受遺者等・遺言執行者等欄】に受遺者として，その氏名等を記載してください。

- 推定相続人以外の者には「相続させる」ではなく「遺贈する」と記載します。
  ※推定相続人以外の者に対して，財産を「遺贈する」場合は，遺言書の保管申請書の【受遺者等・遺言執行者等欄】に受遺者として，その氏名等を記載してください。

- ※遺言執行者については，遺言書の保管申請書の【受遺者等・遺言執行者等欄】にその氏名等を記載してください。

- 署名＋押印が必要です。押印は認印でも差し支えありませんが，スタンプ印は避けてください。

- 内容を変更する場合には，その場所が分かるようにして，変更した旨を付記して署名し，変更した場所に押印をする必要があります。変更が煩雑になる場合や心配な場合には，書き直すことをお勧めします。

- 遺言書を作成した年月日を記載してください。「○年○月吉日」などの記載では保管することはできません。

- 用紙は，A4サイズで，文字の判読を妨げるような地紋，彩色等のないものを使ってください。
  財産目録以外は全て自書する必要があります。
  長期間保存しますので，ボールペン等の容易に消えない筆記具を使ってください。
  ページ数の記載や変更の記載を含めて，余白部分には何も記載しないでください。
  裏面には何も記載しないでください。

（出典）令和2年6月18日　法務省民事局商事課「自筆証書遺言の様式について」

**（自書によらない財産目録の例）**

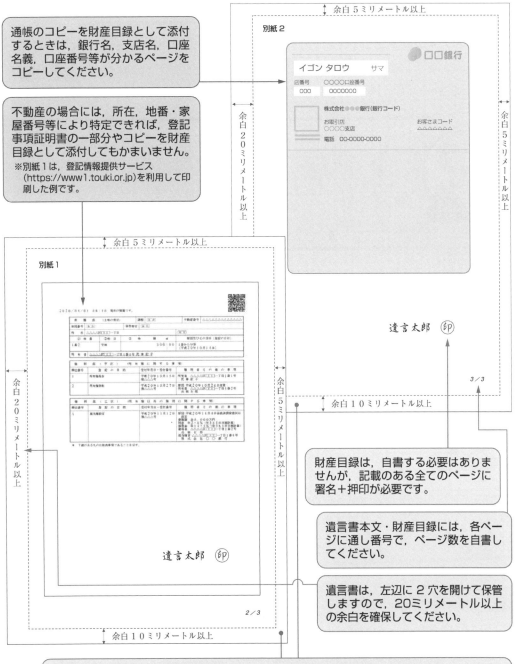

（出典）令和2年6月18日　法務省民事局商事課「自筆証書遺言の様式について」

## 自筆証書遺言の法務局保管制度を利用するための遺言書の要式

このひな形と注意事項でよくわかりました。私と恵子が作った遺言書を聡美弁護士にご確認いただいて、法的に有効かどうかをチェックしてください。

名古屋仁さん

聡美弁護士

了解です。法務局に預けられる前に必ずお持ちください。私がきちんと法的要件が整っているか確認いたします。

ありがとうございます。すっかり安心しました。せっかく書きあげた自筆証書遺言が無くなったり、見つからなかったりすると困るので、法務局に預けたいと思っていますので、その時の手順を教えてください。

名古屋恵子さん

聡美弁護士

　自筆証書遺言を法務局に保管するには、その自筆証書遺言が法務省令の様式に従って作成されたものでなければなりません。単なる自筆証書遺言であればどのような紙を用いてもよいのですが、法務局に保管してもらうためには先程確認していただいた例のように、必ずＡ４サイズの紙で片面のみ使用することや、上下左右の余白のサイズ、本文から目録までに一貫した通し頁番号をつけることといった要件が増えますから、準備する際にも注意が必要です。法務局の様式の遺言書が完成すれば、ホッチキス等で綴じたりせず、封もせずに持参してください。先ほどの法務局の注意事項を満たしていないと保管を受け付けてくれませんのでご注意ください。

　次に保管の申請をする遺言書保管所を決めます。保管申請ができる遺言書保管所は①遺言者の住所地、②遺言者の本籍地、③遺言者が保有する不動産の所在地のいずれかを管轄する遺言書保管所となっています。もっとも、すでに他の法務局（かつての住所地等）に別の遺言書を預けている場合は、その法務局に持参する必要があります。

私と恵子の住所地は名古屋市瑞穂区ですので、管轄は名古屋法務局熱田出張所です。そこで保管してもらおうと思います。

名古屋仁さん

### 法務局に保管申請をする際の手続

聡美弁護士

　法務局には、必要事項を記載した遺言書の保管申請書を持参しなければなりませんので、まず申請書を作成してください。申請書の様式は法務省ホームページからダウンロードでき、そのまま打ち込むことができます。また、法務局（遺言書保管所）窓口にも備え付けられています。
　遺言書の保管申請書には、遺言書の作成日や遺言者の氏名等、遺言者自身に関する明細を記載することになっています（86ページ参照）。
　次に、遺言者本人の確認・記入等の欄に必要事項を記入します（87ページ参照）。

難しいというより、いろいろ書かなくてはならないので手間がかかるというイメージがします。

名古屋恵子さん

聡美弁護士

　おっしゃるとおりです。さらに、相続人以外の受遺者や遺言執行者については法務局で調査することができませんので、受遺者等・遺言執行者等について住所等の必要事項を記載します（88ページ参照）。
　ただし、これはダウンロードした形式に打ち込むことができますし、誰かに頼んで作ってもらっても問題がありませんのでご安心ください。ご依頼があれば、私が聞き取りしながらパソコンで作成いたします。

あら、それはありがたいです。2人で遺言書を確認してもらうときに、申請書の作成をお願いしたいと思います。

名古屋恵子さん

別記第2号様式（第10条関係）　　申請年月日 令和 ☐☐ 年 ☐☐ 月 ☐☐ 日

遺言書保管所の名称 ［　　　　］（地方）法務局 ［　　　　］支局・出張所

## 遺言書の保管申請書

【遺言者欄】※保管の申請をする遺言者の氏名，住所等を記入してください。また，該当する☐にはレ印を記入してください。

|  |  |
|---|---|
| 遺言書の作成年月日 | ☐ 1:令和/2:平成/3:昭和　☐☐年☐☐月☐☐日 |
| 遺言者の氏名 | 姓：［　　　　　　　　　　　］<br>名：［　　　　　　　　　　　］ |
| 遺言者の氏名（フリガナ） | セイ：［　　　　　　　　　　　］<br>メイ：［　　　　　　　　　　　］ |
| 遺言者の出生年月日 | ☐ 1:令和/2:平成/3:昭和/4:大正/5:明治　☐☐年☐☐月☐☐日 |
| 遺言者の住所 | 〒☐☐☐-☐☐☐☐<br>都道府県・市区町村・大字丁目：［　　　　　　　　　　　］<br>番地：［　　　　　　　　　　　］<br>建物名：［　　　　　　　　　　　］ |
| 遺言者の本籍 | 都道府県：［　　］　市区町村：［　　］<br>大字丁目：［　　　　　　　　　　　］<br>番地：［　　　　　　　　　　　］ |
| 筆頭者の氏名<br>(注)筆頭者が遺言者と異なる場合は，記入してください。 | ☐ 遺言者と同じ<br>姓：［　　　　　　　　　　　］<br>名：［　　　　　　　　　　　］ |
| 遺言者の国籍（国又は地域）<br>(注)外国人の場合のみ記入してください。 | コード ☐☐　国名・地域名：［　　　　　　　　　　　］ |
| 遺言者の電話番号<br>(注)ハイフン(-)は不要です。 | ［　　　　　　　　　　　］ |

1001

ページ数　1／

【遺言者本人の確認・記入等欄】※以下の事項について，全て確認の上，記入してください。また，該当する☐にはレ印を記入してください。

☐ 遺言者が所有する不動産の所在地を管轄する遺言書保管所に保管の申請をする。
(注)不動産の所在地を記入してください。

都道府県 ☐☐☐☐　市区町村 ☐☐☐☐☐☐☐☐☐☐☐
大字丁目 ☐☐☐☐☐☐☐☐☐☐☐☐☐☐☐
番地 ☐☐☐☐☐☐☐☐☐☐☐☐☐☐☐

☐ 申請に係る遺言書は，私が作成した民法第９６８条の自筆証書による遺言書に相違ない。

☐ 現在，遺言書保管所に他の遺言書が保管されている。

① 他の遺言書が保管されている場合は，その保管番号を記入してください。
(注)複数ある場合には，備考欄に記入してください。

保管番号 H☐☐☐☐－☐☐☐☐☐☐－☐☐☐☐☐☐☐☐－☐☐

② 上記①の遺言書が保管された後，氏名，出生年月日，住所，本籍(外国人にあっては，国籍(国又は地域))又は筆頭者の氏名に変更があった場合は，その変更内容を記入してください。

変更内容 ［　　　　　　　　　　　　　　　］

☐ 上記①の保管番号の遺言書について，上記②の変更内容に基づく変更届出を行う。
(注)変更を証する書類を添付してください。

手数料の額　　　金３，９００円

遺言者の署名又は記名押印 ［　　　　　　　　　　　］

備考欄 ［　　　　　　　　　　　　　　　］

遺言書の総ページ数 ［　　　］ページ

 1002

ページ数　2／

【受遺者等・遺言執行者等欄】※遺言書に記載している受遺者等又は遺言執行者等の氏名，住所等を記入してください。また，該当する☐にはレ印を記入してください。

受遺者等又は遺言執行者等の番号 ☐ 番
(注)受遺者等又は遺言執行者等の全員に対して通し番号を記入してください。

受遺者等又は遺言執行者等の別　☐受遺者等　☐遺言執行者等
(注)受遺者等と遺言執行者等を兼ねる場合は，両方にレ印を記入してください。

氏名　姓
(注)法人の場合は，姓の欄に商号又は名称を記入してください。
　　　名

住所　〒☐☐☐-☐☐☐☐
(注)法人の場合は，本店又は主たる事務所の所在地を記入してください。
都道府県
市区町村
大字丁目
番地
建物名

出生年月日　1:令和/2:平成/3:昭和/4:大正/5:明治/6:不明 ☐☐年☐☐月☐☐日
(注)法人の場合は，記入不要です。(注)6:不明の場合，年月日は記入不要です。

会社法人等番号
(注)法人の場合のみ記入してください。

---

受遺者等又は遺言執行者等の番号 ☐ 番
(注)受遺者等又は遺言執行者等の全員に対して通し番号を記入してください。

受遺者等又は遺言執行者等の別　☐受遺者等　☐遺言執行者等
(注)受遺者等と遺言執行者等を兼ねる場合は，両方にレ印を記入してください。

氏名　姓
(注)法人の場合は，姓の欄に商号又は名称を記入してください。
　　　名

住所　〒☐☐☐-☐☐☐☐
(注)法人の場合は，本店又は主たる事務所の所在地を記入してください。
都道府県
市区町村
大字丁目
番地
建物名

出生年月日　1:令和/2:平成/3:昭和/4:大正/5:明治/6:不明 ☐☐年☐☐月☐☐日
(注)法人の場合は，記入不要です。(注)6:不明の場合，年月日は記入不要です。

会社法人等番号
(注)法人の場合のみ記入してください。

(注)記入欄が不足する場合は，用紙を追加してください。

1003

ページ数 ／

聡美弁護士：最後に、死亡時の通知を希望する場合には、指定する通知対象者の氏名・住所等を記載します。

【死亡時の通知の対象者欄】※死亡時の通知を希望する場合は、☐にレ印を記入の上、①又は②のいずれかを選択し、指定する通知対象者の氏名、住所等を記入してください。

☐ 死亡時の通知を希望するため、本申請書記載の私の氏名、出生年月日、本籍及び筆頭者の氏名の情報を遺言書保管官が戸籍担当部局に提供すること、並びに私の死亡後、私の死亡の事実に関する情報を遺言書保管官が戸籍担当部局から取得することに同意する。
（注）同意がある場合には、遺言書保管官が遺言者の死亡の事実に関する情報を取得し、当該遺言者があらかじめ指定する以下に記載の者に対して、遺言書が保管されている旨の通知を行います。

① 受遺者等又は遺言執行者等を通知対象者に指定する場合

通知対象者に指定する受遺者等又は遺言執行者等の番号 □ 番
（注）受遺者等又は遺言執行者等を通知対象者に指定する場合は、指定する「受遺者等又は遺言執行者等の番号」を記入してください。

② 推定相続人を通知対象者に指定する場合

遺言者との続柄　□　1：配偶者／2：子／3：父母／4：兄弟姉妹／5：その他（　　）

氏名　姓　□□□□□□□□□□□
　　　名　□□□□□□□□□□□

住所　〒□□□－□□□□
都道府県
市区町村
大字丁目　□□□□□□□□□□□□□□□□□□□□
番地　□□□□□□□□□□□□□
建物名　□□□□□□□□□□□□□

（注）申立てによる死亡時の通知の対象者には、受遺者等、遺言執行者等又は推定相続人（相続が開始した場合に相続人となるべき者をいう。）のうち1名のみを指定することができます。

1004　ページ数　／

別記第12号様式（第52条第1項関係）

# 手数料納付用紙

（地方）法務局　　　支局・出張所　御中

（申請人・請求人の表示）

住所 _____

_____

_____

_____

氏名又は名称 _____

_____

（法定代理人の表示）

住所 _____

_____

_____

_____

氏名 _____

_____

（その他）

納付金額 _____ 円

| 年　月　日 | 担　当 |
|---|---|
|  |  |

・・・・・・印紙貼付欄・・・・・・

収入印紙は，割印をしないで，印紙貼付欄に貼り付けてください。

ページ数　／

聡美弁護士

　この通知対象者の記載により、死亡時に遺言書が法務局に預けられていることが指定された人に通知されますので、遺言書が見つからないというリスクを防ぐことができるようになったのです。
　最初に遺言書を見てほしい人、承継者や遺言執行者などが最適です。名古屋ご夫妻の場合は鈴子さんでしょうか。

はい、私も恵子も鈴子にしようと思います。どうみても、最期を看取ってくれるのは鈴子ですからね。

名古屋仁さん

聡美弁護士

この保管申請書を作成後、手続を行う法務局（遺言書保管所）に保管の予約の申請をすることになります。予約の方法は、①法務局手続案内予約サービスの専用ホームページにおける予約（24時間365日可）、②法務局（遺言書保管所）への電話による予約、③法務局（遺言書保管所）窓口における直接の予約のいずれかの方法により行ってください。

私は昔人間ですので、電話で予約を取ると思いますが、予約が取れて法務局の遺言書保管所に行って保管の申請をする時にはどのようなものが必要なのでしょうか。

名古屋仁さん

聡美弁護士

保管申請に必要な書類は次の法務局のホームページの資料がありますので、それを参考にご用意いただくとよいと思います。

---

必ず以下の(1)から(5)までを持参してください。お忘れになると、予約されていても手続ができません。
(1) 遺言書
　※　ホチキス止めはせず、バラバラのままお持ちください。封筒も不要です。
　※　遺言書の作成上の注意事項に関して、手続前までに再度チェックをお願いします。
(2) 保管申請書
　※　作成されないままでお越しいただくと、予約時間内に手続が終わらず、再度来庁いただく必要がある場合があります。
(3) 添付書類【忘れずに】
　㋐　住民票の写し等
　※　本籍及び筆頭者の記載入りであって、マイナンバーや住民票コードの記載のないもの
　㋑　（遺言書を外国語で作成した場合）遺言書の日本語による翻訳文
(4) 顔写真付きの官公署から発行された身分証明書（運転免許証、マイナンバーカード等）【忘れずに】
　※　遺言者の本人確認のため必須となります。
　※　有効期限のある身分証明書については、有効期限内のものである必要があります。
　※　手続時点で該当するものをお持ちでない方には、マイナンバーカードの取得をおすすめしています。
(5) 手数料
　※　遺言書1通につき、3,900円
　※　収入印紙で納付します。収入印紙は遺言書保管所の庁舎内の収入印紙の販売窓口又はお近くの郵便局等で販売しています。
　※　手続当日、担当者からの指示があったら、手数料納付用紙に貼付して納めてください。

（出典）法務省ホームページ「自筆証書遺言書保管制度」（一部加工）

保管の申請が完了したらどのような書類がもらえるのですか。
また、もらった後、どのように対処すればよいのでしょうか。

名古屋仁さん

聡美弁護士

　手続終了後、遺言者の氏名、出生の年月日、遺言書保管所の名称及び保管番号が記載された保管証が渡されます。遺言書の閲覧、保管の申請の撤回、変更の届出をするときや、相続人等が遺言書情報証明書の交付の請求等をするときに、保管番号があると便利ですので、大切に保管してください。遺言書を法務局（遺言書保管所）に預けていることをご家族にお伝えになる場合には、保管証を渡されておくのがよいでしょう。

## 法務局への遺言書保管が完了した後の手続

　いや、保管までの手続がよくわかりました。これで私も恵子も法務局で保管してもらうことができるようになりました。
　ただ、私は忘れやすいので、自分で何を書いたのかわからなくなることがよくあるのですが、保管してもらった後、預けた遺言書を見ることができるのでしょうか。

名古屋仁さん

聡美弁護士

　遺言者は、遺言書の閲覧の請求をして、遺言書保管所で保管されている遺言書の内容を確認することができます。閲覧の方法は、モニターによる遺言書の画像等の閲覧、又は遺言書の原本の閲覧をすることができます。

　いろいろな方法があるのですね。後でどんな遺言書を書いたのか忘れることもありますので、その自分が預けた遺言書を見る方法を教えてください。

名古屋恵子さん

閲覧の請求をする遺言書保管所を決めます。モニターによる閲覧の場合はどの遺言書保管所でも、閲覧の請求をすることができますが、遺言書原本の閲覧は遺言書の原本が保管されている遺言書保管所のみでしか閲覧を請求することができません。

閲覧の請求方法や遺言書閲覧の請求書の作成方法は遺言書の保管申請とほぼ同様で、請求書を遺言書保管所に提出します。閲覧についても、詳細は次の法務局のホームページの資料を参考にしてください。

① 予約した日時に、遺言者ご本人が、遺言書保管所へお越しください。
② 必ず以下の⑴から⑷までを持参してください。お忘れになると、予約されていても手続ができません。
⑴ 閲覧の請求書
　※ 作成されないままでお越しいただくと、予約時間内に手続が終わらず、再度来庁いただく必要がある場合があります。
⑵ <u>顔写真付き</u>の官公署から発行された身分証明書（運転免許証、マイナンバーカード等）【忘れずに！】
　※ 遺言者の本人確認のため必須となります。
　※ 有効期限のある身分証明書については、期限内である必要があります。
　※ 手続時点で該当するものをお持ちでない方には、マイナンバーカードの取得をおすすめしています。
⑶ 添付書類は不要です。
⑷ 手数料
　＊ モニター閲覧：1回につき、1,400円
　＊ 原本閲覧：1回につき、1,700円
　※ 収入印紙で納付します。収入印紙は遺言書保管所の庁舎内の収入印紙の販売窓口又はお近くの郵便局等で販売しています。
　※ 手続当日、担当者からの指示があったら、手数料納付用紙に貼付して納めてください。

（出典）法務省ホームページ「自筆証書遺言書保管制度」（一部加工）

自分の家族の環境が変わったり、自分の気持ちが変わって遺言書を法務局に預けておくのは嫌だなと思った場合には、法務局に返してもらえるのですか。

遺言者は、遺言書保管所に保管されている遺言書について、保管の申請の撤回をすることにより、遺言書の返還等を受けることができますので、ご安心ください。なお、保管申請を撤回しても遺言が無効になるわけではないので、返却を受けた遺言書は自分で必ず破棄してください。

この保管申請の撤回の手続は遺言者本人が撤回書を作成し、撤回の予約を遺言書の原本が保管されている遺言書保管所に行い、撤回し、遺言書を返してもらうことになります。なお、添付書類は不要で、遺言書の保管の申請の撤回には手数料はかかりません。

　住所などが変わった場合には、どのような手続をするのでしょうか。また、どれくらいの手数料がかかるのですか。

名古屋恵子さん

聡美弁護士

　遺言者は、保管の申請時以降に氏名、住所等に変更が生じたときには、遺言書保管官にその旨を届け出る必要があります。この場合においても、遺言者本人又は法定代理人等が届出書を作成、変更の届出の予約をしたうえで、全国のどの遺言書保管所でも届出をすることができます。変更の届出は保管申請とは異なり郵送でも可能です。添付書類は変更が生じた事項を証する書面（住民票の写し、戸籍謄本等）が必要ですが、変更の届出自体には手数料はかかりません。
　法務局保管制度における各手数料は次の一覧表でご確認ください。

【手数料一覧】

| 申請・請求の種別 | 申請・請求者 | 手数料 |
| --- | --- | --- |
| 遺言書の保管の申請 | 遺言者 | 一件につき、3,900円 |
| 遺言書の閲覧の請求（モニター） | 遺言者<br>関係相続人等 | 一回につき、1,400円 |
| 遺言書の閲覧の請求（原本） | 遺言者<br>関係相続人等 | 一回につき、1,700円 |
| 遺言書情報証明書の交付請求 | 関係相続人等 | 一通につき、1,400円 |
| 遺言書保管事実証明書の交付請求 | 関係相続人等 | 一通につき、800円 |
| 申請書等・撤回書等の閲覧の請求 | 遺言者<br>関係相続人等 | 一の申請に関する申請書等又は一の撤回に関する撤回書等につき、1,700円 |

自筆証書遺言の法務局保管制度は非常に便利で安全なことがわかりました。大きな紛争が予想される場合を除き、自分の意思を伝えるには優れた制度と私には思えます。

　はい。そういえると思います。遺言の書き方が法的に正しいかどうかのチェックも一応は法務局でもしてくれますし、遺言書保管官は本人確認もしてくれます。ただし、相続人の紛争が激しく、遺言内容の不備や本人の筆跡ではないなどの争いがあった場合には、完璧に遺言書が有効とされるわけではありません。激しいもめ事が予想される場合には、遺言書の作成方法が専門家によって保障されている公正証書遺言を作成されることをお勧めします。

　名古屋家はそんな紛争は起こらないと思いますので、自筆証書遺言を法務局に預けるのが一番いいと思います。

　ちょうど、鈴子が迎えに来てくれているので、こちらに呼びますので、法務局に保管されている遺言書にどう対応すればよいのか、事前に教えてもらえますか。

　近くにおられるなら、ぜひ来てもらってください。
　実際の手続をされる方が事前によくわかっていれば安心されますからね。

## 相続発生後の法務局における手続

長女 鈴子さん

聡美弁護士、晶子税理士。父母が私のために遺言書を書いてくれると聞いています。兄とは仲がいいので心配はしていないのですが、いざというとき自分からは言い出しにくいので、ありがたい話だなと思っています。

法務局に遺言書を預けると言っておりますが、万が一の時の私の対処方法を教えてくださるとありがたいです。

聡美弁護士

お父様とお母様の法務局への自筆証書遺言の保管申請が完了したら、遺言者の氏名、生年月日、遺言書保管所の名称及び保管番号が記載された保管証が渡されます。

相続人等が遺言書情報証明書の交付の請求等をするときに、この保管番号があると便利ですので、鈴子さんが大切に保管しておいてください。なお、保管証は再発行されませんので、なくさないように注意してください。

長女 鈴子さん

なるほど、保管証があれば法務局ですぐに探してもらえるのがわかり、安心しました。私は相続が発生したら、どういう手続をすればよいのですか。

聡美弁護士

お父様とお母様は遺言書を法務局に保管する際に、申請書で死亡時に遺言書のある旨の通知を希望すれば、法務局が指定された相続人等に遺言書があることを通知してくれる制度を利用し、鈴子さんを指定されるご予定だそうです。この死亡時の通知は順次実施されているようですが、相続発生後、いつ通知が来るかは定かでないので、鈴子さんが法務局に行って手続を始められることをお勧めします。通知を待たずに保管証があれば、すぐに手続をすることができます。

ただ、保管証を持っていない場合であっても、人が亡くなり遺産を受け取れる可能性がある人は、全国のどの遺言書保管所でも、「遺言書保管事実証明書」の交付請求をすることによって、自分が相続人や受遺者等である遺言書を預かっているかどうかを確認することができます。

なるほど、それなら保管証が災害等で無くなっても安心ですし、兄が探すこともできますね。その交付請求の方法について、もう少し詳しく教えてください。

長女 鈴子さん

聡美弁護士

この請求は全国どこの遺言書保管所でもすることができますので、まず交付の請求をする遺言書保管所を決めます。たいていの場合、自分の住所の最寄りの法務局を選択しますが、その法務局に遺言書保管事実証明書の交付請求をして、自分を相続人や受遺者又は遺言執行者等とする遺言書が保管されているか否かの確認ができます。なお、この交付請求ができるのは遺言者が亡くなられている場合に限られます。

また、遺言書保管事実証明書の交付の請求ができる者は相続人または遺言執行者や受遺者等、及びこれらの親権者や成年後見人等の法定代理人となっています。交付請求に必要な添付書類は次のとおりです。

【遺言書保管事実証明書の交付請求に必要な添付書類】

- 遺言者の死亡の事実を確認できる戸籍（除籍）謄本
- 請求人の住民票の写し

相続人が請求する場合

- 遺言者の相続人であることを確認できる戸籍謄本

請求人が法人である場合

- 法人の代表者事項証明書（作成後3か月以内）

法定代理人が請求する場合

- 戸籍謄本（親権者）や登記事項証明書（後見人等）（作成後3か月以内）

この証明書の交付請求の期限や費用はどのようになっているのですか。私は父母から聞いておりますので、そのような手続は要らないのですが、親に相続が発生した友だちが「遺言書があるかどうかわからない」と言っていますので、教えてあげたいと思います。

長女 鈴子さん

　交付請求書の作成後3か月以内に、遺言書保管所に交付請求の予約をしてから交付の請求をすることになります。遺言書保管事実証明書の手数料は、1通につき800円で、必要な収入印紙を手数料納付用紙に貼ることとされています。郵送送付の方法による交付の請求の場合は、ご自身の住所を記載した返信用封筒と、切手を同封してください。

　請求するのもなかなか手間がかかりますね。交付されることになった遺言書保管事実証明書を受け取るにはどうすればよいのですか。

　窓口で請求の場合は、運転免許証等により本人確認が行われた後、遺言書保管事実証明書が渡されます。
　送付請求をする場合は、請求人の住所に宛てて遺言書保管事実証明書が送付されます。
　遺言書が法務局に保管されている場合には、このようにして遺言書保管事実証明書の交付の請求をして遺言書が預けられているかどうかを確認することができます。

## 【遺言書保管事実証明書】

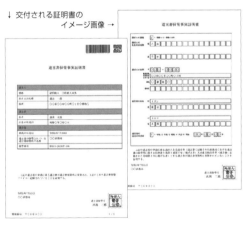

### 認証文の種類

| | 保管されている | 保管されていない |
|---|---|---|
| 相続人 | 「上記の遺言者の申請に係る遺言書が遺言書保管所に保管され、上記のとおり遺言書保管ファイルに記録されていることを証明する。」 | 「上記の遺言者の申請に係る遺言書が遺言書保管所に保管されていないことを証明する。」 |
| 相続人以外の方 | 「上記の遺言者の申請に係る請求人を受遺者等（略）又は遺言執行者等（略）とする遺言書が遺言書保管所に保管され、上記のとおり遺言書保管ファイルに記録されていることを証明する。」 | 「上記の遺言者の申請に係る請求人を受遺者等（略）又は遺言執行者等（略）とする遺言書が遺言書保管所に保管されていないことを証明する。」 |

（出典）令和2年6月18日　法務省民事局商事課「相続人等の手続」

長女 鈴子さん

　そのようにすれば、法務局に実際遺言書が預けられているかどうかを確認できるのがわかりました。保管証や保管事実証明書で遺言書があるのが明らかな場合には、その遺言どおりの遺産分けがされるのですから、遺言の内容を知る必要があります。この手続はどうすればよいのですか。

聡美弁護士

　相続人等は、遺言書の閲覧請求をして、遺言書保管所で保管されている遺言書の内容を確認することができます。閲覧の方法は、モニターにより遺言書の画像等を閲覧するか、又は遺言書の原本を閲覧することになります。この場合も、遺言者が亡くなられている場合に限られます。遺言書閲覧請求の流れはほとんど、遺言書保管事実証明書の交付の請求と同様ですが、閲覧の方法により、法務局の選択が変わります。

　まず、モニターによる閲覧の場合は、全国のどの遺言書保管所でも、閲覧の請求をすることができます。一方、遺言書原本の閲覧の場合は、遺言書の原本が保管されている遺言書保管所でしか閲覧を請求することができません。

　閲覧をしたい相続人等は遺言書閲覧の請求書を作成し、遺言書保管所に閲覧の請求の予約をしてから閲覧の請求をすることになります。遺言書閲覧の手数料は、モニターによる閲覧の手数料は1回につき1,400円、原本の閲覧の手数料は1回につき1,700円となっています。遺言書保管事実証明書と同様に、運転免許証等により本人確認が行われた後に遺言書を閲覧することができます。

長女 鈴子さん

　私が保管証を預かっていれば、簡単に法務局で遺言書を閲覧することができますね。この方法だと法務局で保管された遺言書は、自筆証書遺言であっても検認手続はいらないということですか。

聡美弁護士

　法務局保管でない自筆証書遺言の場合は、必ず家庭裁判所での検認という手続で開封しなければなりません。この検認の際に、家庭裁判所から全相続人に検認の通知が行われますので、他の相続人等にも遺言書があることがわかり、検認期日に出席することにより中身がわかります。

　法務局における遺言書保管制度にはこの検認手続はいりません。そ

の代わりに、同様に相続人たちに遺言の内容を知る機会を与えるために、相続人等が遺言書の閲覧等をすると、遺言書保管官は閲覧した人以外の相続人等に対して遺言書を保管している旨を通知しますので、検認手続がいらなくとも他の相続人にも遺言書があることがわかる仕組みになっています。

法務局保管制度を活用すれば、公正証書遺言と同様に家庭裁判所で検認を受ける必要がないと聞いて非常に時間的にスムーズにいくのが、よくわかりました。ただ、閲覧だけだと遺言の内容が分かるけど、いろいろな相続手続ができないと思うのですが、どうすればよいのでしょうか。

その場合は「遺言書情報証明書」という書類を使うことになります。この遺言書情報証明書は、法務局が発行する遺言の写しで、原本と相違がないことを法務局が保証するものになります。この遺言書情報証明書によって手続をすることによって、検認がなくとも遺言執行を行うことが可能とされたのです。その上、何通でも発行してもらえるので、相続手続が非常にスムーズに進みます。

非常に便利な証明書なのですね。この証明書を活用して相続手続をするつもりですが、どのようにしたら発行してもらえるのでしょう。

相続人等は、全国のどの法務局に対しても遺言書情報証明書の交付の請求をし、遺言書保管所に保管されている遺言書の内容の証明書を取得することができます。これも遺言者が亡くなられている場合に限られ、生前には他の人は遺言の中身を見ることはできません。

遺言書情報証明書の交付の請求の流れはほとんど、遺言書保管事実証明書の交付の請求と同様です。相続人等が遺言書情報証明書の請求書作成をし、交付予約をしてから遺言書保管所に交付請求をします。この際の添付書類として法定相続情報一覧図や全相続人を確認できる戸籍等の束が必要になりますので、戸籍請求等の手続を早期に開始することが重要です。

なお、遺言書情報証明書の手数料は、1通につき1,400円となって

います。遺言書保管事実証明書と同様に、窓口請求の場合は運転免許証等により本人確認が行われた後に遺言書情報証明書が渡され、送付請求の場合は請求人の住所に宛てて遺言書情報証明書が送付されます。

【遺言書情報証明書の交付の請求時の添付書類】

法定相続情報一覧図の写しをお持ちですか？ → いいえ
添付書類：
・遺言者の出生時から死亡時までの全ての戸籍（除籍）謄本
・相続人全員の戸籍謄本
・相続人全員の住民票の写し

※兄弟姉妹が相続人となる場合は，遺言者の父母の出生時から死亡時までの全ての戸籍（除籍）謄本も必要です。
※代襲相続が発生している場合は，被代襲者の出生時から死亡時までの全ての戸籍（除籍）謄本も必要です。

↓はい

法定相続情報一覧図の写しに住所の記載はありますか？ → いいえ
添付書類：
・法定相続情報一覧図の写し（住所記載なし）
・相続人全員の住民票の写し

※相続人に廃除された者がある場合は，その者の戸籍謄本も必要です。

↓はい

添付書類：
・法定相続情報一覧図の写し（住所記載あり）

（出典）法務省ホームページ「自筆証書遺言書」

名古屋仁さん

　いやぁ、相続が起きてからの法務局保管の自筆証書遺言の取扱いや手続についてよくわかりました。これならば相続人が見つけられないこともないし、紛失して見つからなくなることもありませんね。知っている人だけが利用して得をするのではなく、他の相続人や受遺者、遺言執行者へも連絡がいくので公平で安全な制度なのがよくわかりました。
　自筆証書遺言を書いて、法務局保管制度を利用すれば、鈴子に安心を残せるので嬉しいです。

名古屋恵子さん

　私も同じよ。あなたに安心して名古屋家を承継できるわ。
　今までもいろいろ手伝ってくれているし、これからも、それから私たちの亡き後も名古屋家をよろしくお願いしますね。

お父様、お母様。ありがとうございます。その思いに応えて、彼と名古屋家を支えていきたいと思います。

長女 鈴子さん

## Point

① 自筆証書遺言は本文全文手書きが原則、署名・日付は必須
② 目録はパソコン作成、通帳・登記記録のコピーでも可
③ 法務局で保管してもらえば、相続が発生すれば通知される
④ 法定相続情報一覧図と本人証明により遺言書情報証明書を何枚でも交付してもらえる
⑤ 遺言書情報証明書があれば、相続手続が簡便でスムーズに

# 事例6 承継者が困る遺言書、承継者が安心できる遺言書

### 大阪かおりさんの相談

　公正証書遺言と異なり自筆証書遺言は簡便に書けるうえ、民法が改正され財産目録は印字でもよくなったと知り、いまは家族の仲が良くとも、自分亡き後、家族がもめるのは残念だと思い、大阪かおりさんは自筆証書遺言を書くことにしました。ただ、自筆証書遺言だと原本が1通しかないため、家族がきちんと見つけてくれるか、「偽造だ」ともめないかという心配があったのですが、法務局で保管してくれる制度まであると聞き安心しました。そこで、法律上有効で安心できる遺言書を書きたいと思い、一緒に住んでいる二女のゆりさんと一緒に、聡美弁護士と晶子税理士にこれらの疑問について教えてもらうことにしました。

### 大阪かおりさんの思いと疑問

　夫を亡くしたとき、3人の娘の勧めで自分が夫の財産をすべて相続した大阪かおりさんは、その時にある程度相続について勉強しました。今は法定相続どおりに財産分けをするつもりがないので、遺言書を書くつもりです。ただ、自分がいなくなった後もみんなが納得してくれるか少し心配になってきました。また、遺言書さえあれば誰も文句を言えずにもめることはないと思っていたのですが、その書き方によって、結局は遺産分割をしなければならないこともあると聞き、単純に自分の思いだけ書いても、もめない遺言書は作れないのがわかりました。また、遺言書の書き方により、支払うべき税金も変わると聞き、なお驚きました。

　大阪かおりさんには長女のめぐみさん、二女のゆりさん、三女のちよみさんの3人の法定相続人がいます。長女のめぐみさんと三女のちよみさんは結婚して既に自宅を持っているので、一緒に暮らしているゆりさんに自宅を、残りの財産は3人で均等に分けてほしいと思っています。

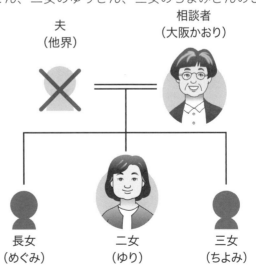

## 法定相続とは異なる財産承継を希望する場合の対処法

大阪かおりさん

　私は夫を亡くしており、法定相続人は長女のめぐみ、二女のゆり、三女のちよみの3人です。夫から相続した自宅を売却すれば1億2,000万円ぐらい、その他の財産は6,000万円くらいではないでしょうか。夫の亡き後は次女のゆりと同居しており、ゆりは非常にこの家が気に入っていますし、私の面倒も見てくれています。

　私は、めぐみとちよみが自宅を購入する際にはある程度の資金援助をしましたので、同居しているゆりに自宅を相続させ、残りの遺産は3人の娘に均等に分けたいと思っています。そのためにはどうしたらいいのでしょうか。

聡美弁護士

　現在の法律では、遺言等のない相続の場合、原則として民法に定める相続人が、民法の定める割合による相続分にしたがって遺産を分割することになっています。これを法定相続というのです。

　大阪かおりさんの場合の相続人は3人の娘さんで、3人の相続分は平等ですから各自は3分の1の相続分を有していることになります。

大阪かおりさん

　自宅をゆりに相続させ、残りの財産は3分の1ずつですから、私の希望は法定相続分とはずいぶん違います。どうすればよいのですか。

聡美弁護士

　ご安心ください。相続は必ずしも民法の定める相続分の割合に従って行わなければならないというわけではありません。民法では、被相続人が遺言で法定相続分とは異なる相続分を指定することを認めていますので、かおりさんが、ゆりさんの相続分を増やす遺言を作成することができるのです。

　また、法改正により現在では自筆証書遺言は本文のみ全文を手書きすれば、財産目録はパソコン等で作成した印字のものや登記事項証明書等の複写を使ってもよくなり、かつ法務局で保管もしてくれますのでリスクも軽減されています。まずは簡便な自筆証書遺言を作成されてはいかがでしょうか。

それでは、私がゆりに自宅の土地・建物を相続させるという自筆証書遺言を作っておけば問題は解決できるのですね。

大阪かおりさん

確かに、遺言を遺しておけば、大阪かおりさんがお亡くなりになった場合に、直ちにゆりさんの相続分としてすべての土地・建物を指定された効果が生じます。この場合、遺言に記載されていない財産については遺産分割協議等が必要になります。

聡美弁護士

それでは、結局預貯金を3分の1ずつ分けることにめぐみとちよみが同意するかはわかりませんので、預貯金等の財産についても遺言に書いておく方がよさそうですね。

大阪かおりさん

## 遺留分制度とその対処法

しかし、その遺言どおりになる場合もあれば、遺言どおりにならない場合もあるのです。それは、めぐみさんとちよみさんが、ゆりさんだけに土地と建物を渡すつもりがあるかどうかということで決まるのです。なぜかというと、日本では遺言をしても奪うことのできない相続人の最低限の取り分として、「遺留分」というものが認められているからです。

聡美弁護士

母はこういってくれているのですが、私も遺留分という制度は聞いたことがあります。母の相続に関して言えば、具体的にはどういうことになるのでしょうか。

二女 ゆりさん

かおりさんの娘さんたちは各自3分の1の割合の法定相続分を有しています。このとき、かおりさんがゆりさんの相続分を自宅分（67％）＋その他財産（33％×3分の1）＝約78％に指定すると、残りの22％をめぐみさんとちよみさんが相続することになります。めぐみさんとちよみさんが、それでもお母様の遺言がそうなっているのなら

聡美弁護士

仕方がないと納得してくれるのであれば、遺言どおりになります。
　　ですが、めぐみさんとちよみさんがゆりさんだけに土地と建物を渡すつもりがなければ、自分の最低限の取り分としての「遺留分」、つまり自分の法定相続分の2分の1である6分の1に満たない額の金銭をゆりさんに対して請求することができるのです（遺留分については事例1参照）。

二女 ゆりさん

　それは困ったなー。でも姉や妹とは小さい頃から仲が良かったので、遺留分を請求しないと思うのですが。

晶子税理士

　　私が以前、相続税の申告の依頼を受けた家族では、遺言書どおりに分けた割合について、後継者以外のあまり財産をもらわなかった兄弟が不満を持ち、とうとう遺留分の侵害額請求を行い、今や法事どころではなく、兄弟で大もめされています。
　　かおりさんも自分の子たちは大丈夫と思わず、一度よく家族で話し合われて、大阪家を守っていくゆりさんへの応援をめぐみさんとちよみさんがされていくのか、確認されてはいかがでしょうか。もし、もめるような雰囲気であれば、遺留分も考慮された遺言書を作っておくほうがいいかもしれませんね。

大阪かおりさん

　遺言を作れば、法的にはゆりの相続分が増えるかもしれません。でも、そういう遺言を作ったことによって、めぐみとちよみは自分たちがないがしろにされたと思い込んで、私亡き後ゆりが姉妹間で冷遇されることになりはしないのでしょうか。

晶子税理士

　　それは一番気になることですよね。確かに遺言を見たときに、めぐみさんとちよみさんは当初はあまり面白くないかもしれません。でも、遺言をしなかったらもめずに済むのかというと、土地と建物の価額で遺産の約7割弱を占めているのですから、遺言がないと大変な事態が起きることも想定できます。
　　私の経験からすると、多くの場合、遺言がなくてももめないようなご家族は遺言があってももめないし、遺言を見てもめるようなご家族は、遺言がなかった場合はもっともめるのではないでしょうか。

**聡美弁護士**　私も、晶子税理士のご意見と同じ考えです。遺言があっても、相続人が遺言に従おうとせずもめるというご家族の場合には、遺言がなかった場合には確実にもめることになると思います。

遺言は、相続人を必ずしも平等に扱うものではありません。相続人を平等に扱えるような財産の構成であれば最初から遺言などは必要ないのですから…。遺言をする以上、相続人間には不平等な結果となるかもしれませんが、重要なことは、そのような遺言をせざるを得なかった大阪かおりさんの思いが娘さんたちに伝わるような遺言書の記載方法を工夫するということではないでしょうか。遺留分の問題をどうするか決められたら、どんな遺言書を作成するか一緒に考え、かおりさんの思いを形にしましょう。

**大阪かおりさん**　めぐみとちよみが遺言書に納得せずに遺留分を請求すると、ゆりは金融資産を全く相続できないことになり、相続税や今後の家の維持費に困ってしまいます。

**二女 ゆりさん**　お母さん、今まで貯めてくださった預貯金で遺留分相当額に充てられるのですから、大丈夫です。相続税や家の維持は私が頑張って何とかしますから、気にしないでください。

**大阪かおりさん**　そうはいっても、あなたはほとんど預金を持っていないし、1人に重荷を背負わすようで、残念だわ。何とかならないのかしら。

**聡美弁護士**　そのとおりです。そこで、考えなければならないことは、ここからです。おそらく相続税や家の維持費はゆりさんの支払える金額を超えていると思われます。そこで、かおりさんが遺言中に、率直にゆりさんに相続させる分はこれだけだと記載して、遺言の中に「付言事項」として、娘さんたちに対するお気持ちを記載しておくのです。

大阪かおりさん

　気持ちを書くとは、手紙みたいですね。聡美弁護士、実際はどんなことを付言事項に書けばよいでしょう。

聡美弁護士

　例えば、この遺言は必ずしも3人の娘に平等ではないように見えるかもしれないけれど、自分は3人とも同じように愛おしく思っていることや、ゆりさんは自分と同居してずっと世話をしてくれたので、ある程度これに報いる必要があると考えたこと、夫から引き継いだ不動産は今後も残したいこと、不動産を相続しても相続税を支払う資金がないので分割払い（延納）にせざるを得ないこと、それらを考えずっと悩んだ結果、この遺言以外に方法はないと考えに考えた末の結論なので、どうかこの遺言を受けとめてほしいと考えていること、等々でしょうか。

大阪かおりさん

　なるほど、そうですね。相続の問題は遺言などの知識を持っておくことは重要ですが、それと同じくらい、母としての自分の気持ちを伝えていくことも大切なのですね。

聡美弁護士

　そのとおりですね。もともと「相続」とは「相」つまり、すがた、ありさまを、「続」つまり続けていくことなのですから、代々の気持ちを引き継いでもらうことが本来の目的なのですからね。お子さんたちとよく話し合われて、将来的にはかおりさんの介護と家を守っていかれるゆりさんへ自宅を引き継がせることに異議がないか、娘さんたちのご意思を確認されてはいかがでしょうか。都心部の土地は時価が高いため、遺産分けでもめているケースがよくあるからです。
　かおりさんが生きているうちはあまり問題にならないのですが、かおりさんが亡くなった場合に騒動はおきるのです。もし、納得されないような雰囲気であれば、一度ご相談にいらしてください。

大阪かおりさん

　ともかくも娘たちとよく話し合い、これからのことをきちんと考えていきます。それでどうするかまとまったら、遺言書を書こうと思います。私が書く遺言書の参考にするための文案例が欲しいので、聡美弁護士がご用意いただけたら嬉しいです。

【遺言書記載例】

# 遺言書

 土地・建物を集約させるときは遺留分侵害に注意する

第1条
1 私の有する別紙目録1記載の土地、建物及び当該建物内に存する一切の動産を二女・大阪ゆり（昭和●年●月●日生）に相続させる。
2 前条の不動産にかかる未収賃料等の債権及び預かり保証金、未払い費用、借入等の債務は、二女ゆりに相続させる。

第2条　私の有する別紙目録2記載の預貯金及び有価証券等の金融資産を長女・●●めぐみ（昭和●年●月●日生）及び二女ゆり、三女●●ちよみ（昭和●年●月●日生）に、各自3分の1ずつ相続させる。

第3条
1 本遺言の遺言執行者に、二女ゆりを指定する。
2 遺言執行者は、この遺言を執行する上での一切の権限を有し、この遺言を執行するに際し、単独で、相続財産に含まれる預貯金債権の名義変更、解約、払戻請求等をすることができる。
3 遺言執行者は、本遺言を執行するために必要と認めたときは、代理人をして遺言執行させることができ、その選任については遺言執行者に一任する。

**Point**
遺留分を侵害する可能性があるときは生前に家族でよく話し合っておくことが重要

複数枚にわたる場合は、契印があることが望ましい（法務局保管をしない場合）

1

（付言）

　この遺言は、必ずしもゆりとめぐみとちよみに平等ではないように見えるかもしれませんが、私は子として3人のことを同じように愛おしく思っています。

　このような遺言を書くに至ったのは、ゆりは私たちと同居してずっと世話をしてくれたので、これに報いる必要があると考えたこと、夫から引き継いだ不動産を売ってしまうことなく、今後も次世代にまで継承していってほしいと考えたことによるものです。ゆりには多くの財産を遺すように見えますが、めぐみとちよみには自宅購入の際にした1,000万円の資金援助である程度のうめあわせになるのでは、と考えています。ゆりに残す預貯金等の金額では、ゆりが不動産を相続しても相続税を支払う資金には足りない可能性が有り、分割払い（延納）にせざるを得ないかもしれません。不動産を守る立場のゆりにとっては非常に厳しい状態ですが、そうしてきた私を支えてくれたゆりですから、きっと頑張ってくれると信じています。そこのところをめぐみとちよみならきっとわかってくれ、ゆりの守る姉妹の生家である大阪家を応援してくれると信じています。

　これらの事情を考えてずっと悩んだ結果、この遺言以外の方法はないと考えに考えた末の結論なので、どうか2人にはこの遺言を快く受けとめてほしいと願っています。

　私の死後も、ゆりとめぐみやちよみ一家がもめることなく、いつまでも仲良く暮らしていってくれることが私の一番の望みです。3人の幸せを天国からずっと見守っています。

> **Point**
> 遺言内容に対する自分の想いを記し、遺族に伝える

令和7年3月1日
●●市●●町●番●号

大阪かおり　㊞

【別紙 目録記載例】

# 物件等目録

目録1
　第1条により二女・ゆりに相続させる不動産等
　①　土地
　　　所　　在　〇市〇町〇丁目
　　　地　　番　〇番〇
　　　地　　目　宅地
　　　地　　積　〇平方メートル

　②　建物
　　　所　　在　〇市〇町〇丁目〇番地〇
　　　家屋番号　〇番〇
　　　種　　類　居宅
　　　構　　造　木造瓦葺2階建
　　　床 面 積　1階　〇平方メートル
　　　　　　　　2階　〇平方メートル

　③　その他、目録2に記載されていない遺言書の有する一切の財産


　　　　　　　　　　　　　　　　　　　　大阪かおり　㊞

3

目録2
　第2条により長女・めぐみ、二女・ゆり、三女・ちよみに3分の1ずつに相続させる預貯金等の金融資産
　①　○銀行○支店扱い　普通預金
　　　口座番号　×××××××

　②　○銀行○支店扱い　普通預金
　　　口座番号　×××××××

　③　○○株式会社普通株式　500株
　　　預託先　○証券○支店

　④　○○株式会社普通株式　1000株
　　　（以下、省略）

大阪かおり　㊞

いろいろありがとうございました。早速、自筆証書遺言を書こうと思います。

大阪かおりさん

## 遺言の保管方法の注意点

聡美弁護士

そうそう、この間びっくりしたことがあります。自筆証書遺言を書かれており、後継者に銀行の貸金庫に入れてあると伝言までされていたのですが、被相続人の貸金庫は銀行の規定により相続人全員の同意がなければ開扉できません。

この方は、1人連絡の取れない息子さんがおられるので、後継者が困らないようにと遺言書を書かれたのに、貸金庫が開けられず、結局はその人が見つかるまで遺言書を取り出せない事態になりました。法務局保管をしない場合は、貸金庫に入れないでくださいね。

それは困りますね。何のために遺言書を書いたのかわからなくなります。お母さん、法務局に預けるまでは、仏壇の引き出しに入れておいてくださいね。

二女 ゆりさん

はいはい。わかりましたよ。
でも最近は水害も多いし、どこに預けていても紛失してしまわないか心配ですね。書いたら聡美弁護士に預けておこうかしら。

大阪かおりさん

聡美弁護士

自筆証書遺言や秘密証書遺言の場合は、実際に生前に書いたと聞いていたのにまったく見つからなかったということが珍しくありません。その点、公正証書遺言は公証役場が、法務局保管の場合の自筆証書遺言は法務局が、責任を持って預かってくれますし、データ化して全国どこからでも確認できる形で保管されますので、安全です。

相続人であれば、保管証や公正証書遺言の正本等が貸金庫等に入っていて取り出せないということになっても、公証役場や法務局から何度でも謄本や遺言書情報証明書を取得できる点も安心できます。

自宅に置いているうちに紛失ということにならぬよう、さっさと法務局に連絡して、予約を取って保管に行きたいと思います。

大阪かおりさん

## 実現しやすく納税しやすい遺言書の記載

聡美弁護士
　はい。そうされるのが一番です。さらに、遺言書を書くときには注意すべきポイントがいくつかあります。預貯金や株式などのその他財産について内容を書かずに3分の1ずつと割合を指定されるつもりではありませんか。

　ええ。預金や有価証券が今のまま残っているとは限らず、どのような状態になっているのかわからないのでそう書こうと思っています。

大阪かおりさん

聡美弁護士
　預貯金等、金額で明示されて簡単に割り算できる財産の場合は1円単位の端数をどうするか程度の問題しか生じません。しかし、たとえば金の延べ棒のような動産や、株式のように簡単に割り算できない財産の場合、どうやってお互い3分の1を取得するのかで、別途相続人間での協議が必要になる場合があります。
　また、現物の上場株式自体を相続させる場合には、相続人の側でも証券会社に自分自身の口座が必要とされるなど、手続的に煩雑になることも多いのです。

　そうなんですか。知りませんでした。
　確かに、100株の株式を3等分と言っても割り切れないから、1株だけ共有させるのか等、明確ではないことが生じますね。

大阪かおりさん

　民法上では、換価分割という方法もあります。
　遺言で指定した財産をすべて売却して、売却金から売却のための手数料を引いた金額を3等分する、というように、具体的な分割方法まで指示してあれば実現が容易です。
　この場合、不動産以外の財産をすべて換価して分割する、としてしまうと、かおりさんの身の回りの品である家具等や形見まで急いで売らなければならない、上場株式が暴落しているのに売らなければならない等という不合理な解釈になりかねませんので、預貯金や株式等の金融資産については、どの財産かを明確に指定して3等分、不動産とその他財産はゆりさんに相続させる、と記載した方がよいでしょう。

　なるほど、では、きちんと金融資産を目録にしてから、それを換価して3分の1ずつすると書かないとだめですね。

　あら、株式の換価分割には税金上の問題点があります。換価してもらうのですから現金をもらうと思いがちなのですが、税務上はあくまでも株式の3分の1をもらって、換金したことになりますので、3人に譲渡所得が発生する可能性があります。株式は3分の1の株数をそれぞれが取得した方が、売らない限り譲渡所得税もかかりませんし、それぞれが売りたいときに売れるので良いと思います。

　税金の計算も名義書換えも大変だから、株式は株数を書いてもらえたらありがたいと思いますが、どんな株式が残っているか今からではわからないですね。

　株式は誰に、どの会社の株式を何株ずつ相続させるかの明記があり、受取人になる相続人の証券会社口座があれば、遺言に従って容易に名義変更が可能ですので、ご安心ください。
　次の大事なポイントは、遺言執行者は誰かということですが、どなたを指定される予定でしょうか。

遺言執行者については何も考えていませんでしたが、どんなことをする人ですか。

二女 ゆりさん

聡美弁護士

　法的に有効な遺言書に遺贈や不動産や預貯金の取得者、代償金の定めなどを記載していたとしても、相続の開始で自動的にその内容が実現されるわけではありません。遺言の内容を実現することを「遺言執行」といい、この遺言執行によって遺言の内容に従った財産分けが実現されるのです。
　具体的な遺言執行の内容は、不動産登記の変更や預貯金の名義変更・解約、分配等の多くの行為に及びます。この執行の役目を担うのが「遺言執行者」です。

　なるほど、死んだ私の代わりをしてくれる人のことですね。今のところ決めていないのですが、遺言執行者を決めておかないと、困ることがあるんでしょうか。

二女 ゆりさん

聡美弁護士

　遺言書に遺言執行者の定めのない場合は、原則として相続人全員で共同して遺言の執行をする必要があります。ただし実務上、「相続させる」という記載のある不動産の登記では、執行者がいなくても承継する相続人のみで遺言書があれば相続登記が可能です。
　しかし、例えば孫に対する遺贈の記載があったとしても、受遺者である孫単独では遺言を実現することができず、相続人である子たち全員の印鑑等が必要です。遺贈だけでなく、金融機関での解約等の手続の場合にも、いちいち相続人全員の印鑑等が求められることになるため、利害が対立している場合はもちろん、仲が悪くなくとも手続が煩雑であることから相続人共同での遺言執行は現実的には非常に手間暇がかかるでしょう。

　では、せっかく遺言があっても、遺言執行者の指定が書いていなければ相続人全員の印鑑がなければ結局遺言どおりには実現ができないのですか。

二女 ゆりさん

**聡美弁護士**：原則はそうなんですが、法的に別の方法もあります。

遺言による遺言執行者の指定がなく、相続人共同での遺言執行が現実的ではない場合は、相続人や受遺者等から家庭裁判所に申立て、遺言執行者を選任してもらうことが可能です。この手続は家庭裁判所に戸籍等の多くの書類を提出する必要があり、非常に手数がかかる上、事情をよく知らない初対面の弁護士等の専門家が指定されるため、精神的にも負担だという方もいらっしゃいます。また遺言執行者に支払う報酬も家庭裁判所で決定するため、決められた額を支払わなければなりません。よって、遺言書で遺言執行者をあらかじめ指定しておくことが、円滑な遺言執行のために重要です。

**大阪かおりさん**：本当にそんなことになるのなら、最初から決めておいた方がいいですね。聡美弁護士、誰にすればよいのでしょう。

**聡美弁護士**：よく事情を知ってる弁護士等の専門家に事前に話をしておいて、指定しておく方法があります。ただ、その弁護士等が遺言者と年齢が近い場合等、指定しておいたのに執行をしてもらえないこともあります。

専門家だと費用がかさむため、一番財産を多くもらう方を指定しておくのもよくある方法です。大阪家の場合は、不動産をもらうゆりさんがいいのではないでしょうか。ゆりさんが1人ではできないと思ったら、その時に遺言執行者の代理人として、ゆりさんが選んだ弁護士等の専門家を立てればいいからです。でも、話し合った結果、非常にもめるなと予想した場合には、弁護士等の専門家を予め指定しておいた方がいいでしょう。

**大阪かおりさん**：わかりました。まずは娘たちとよく話し合いをし、その結果、どのような遺言書を書くべきかを、またゆりと相談に参ります。

**二女 ゆりさん**：私も一緒に参りますので、もしものことがあったらどうしたらいいのかをぜひ教えてください。

## Point

① 法定相続と異なる財産分けをしたい場合には遺言書で指定する
② 遺言があっても遺留分があるので、もめないように付言事項を書く
③ 遺言書を貸金庫に入れる等すれば相続人全員の印鑑が必要、保管場所は重要
④ 法務局保管か公正証書ならば無くならず安心
⑤ 遺言書で割合指定すると結局は遺産分割が必要なことも
⑥ 承継者が困らない安心できる遺言書を作成することが重要

# 第3章

# 状況に応じて上手に財産承継しよう!

# 事例 7 遺留分や改正税法をよく知ることが相続のポイント

## 横浜久男さんの相談

　横浜久男さんは横浜市に200坪の自宅、400坪の宅地とその上の7階建てマンション、東京都港区にマンション3室を所有しており、時価総額は10億円相当であり、その他に有価証券や預貯金を合わせると金融資産は5億円以上ある資産家です。久男さんには行方不明の長女がいるため、相続手続・遺留分と相続税の対策のために子や孫に大半の財産を生前贈与して、遺産を減らすことを考えていたのですが、ちょうど、相続法が改正され生前に贈与すれば、遺留分の問題が解決することもあると友人から教えてもらいました。そこで、贈与と遺言書の作成により相続手続や遺留分と相続税の対策をしたいと考え、二女と長男と一緒に晶子税理士と聡美弁護士にどう考えればよいのかを教えてもらうことにしました。

## 横浜久男さんとその家族の状況

　久男さんはすでに妻を亡くしており、相続人は長女の真理子、二女の洋子、長男の真一の3人です。ところが長女の真理子はアメリカの彼に会いに行くと言って旅立ってから全く連絡がなく、今でも生死不明の状態となっています。後で確認すると、久男さんが真理子さんに管理を任せていたインターネット銀行から5,000万円の預金が引き出され、真理子さんの口座に振り込まれており、久男さんはがっかりしてしまいました。このままの状態で久男さんに相続が起きたとき、行方不明の相続人がいることとなり、相続の手続が進まず、洋子さんや真一さんが困ってしまうことになります。久男さんは、自分の死後、真理子さんが急に現れて遺留分を請求されるリスクと相続税の節税対策のために子や孫に大半の財産を生前贈与して、対応しようと思っています。

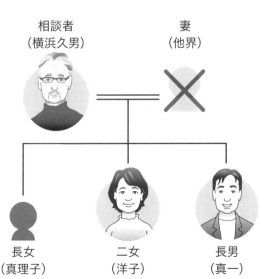

## 生前贈与と遺留分の関係

横浜久男さん

　私は、おそらく私のお金を持ち出し、今では生死もわからない長女の真理子がいるため、何もしなければ相続の手続が複雑になり、なかなか財産の承継が終了しないと教えてもらいました。真理子はどのみち戻ってこないのでしょうから、真一と洋子とその家族にだけ財産を遺したいと思っています。ただし、相続には「遺留分」という制度があるそうなので、相続時精算課税制度を適用して全財産を２人の子と孫に生前に贈与してしまおうと思っています。

聡美弁護士

　日本の相続法では、遺言や贈与でも奪うことのできない相続人の最低限の取り分として遺留分という制度があります。令和元年７月１日までの相続においては、遺留分を侵害する贈与は、遺留分を侵害された相続人が遺留分減殺請求権を行使することにより、自己の遺留分の割合まで贈与等の効力を失効させることができました。しかし今では、遺留分減殺請求権という制度はなくなったため、遺留分を侵害された相続人は減殺請求を行うことはできなくなり、遺留分を侵害する贈与の効力は否定されず、贈与されたもの自体を相手に渡す必要がなくなりました。

長男 真一さん

　それでは、大半の財産を生前に贈与してもらえば、贈与したものを取り返すことはできないのですから、姉の真理子は何も文句を言えないことになりますね。

聡美弁護士

　確かに、贈与自体の効力について、真理子さんは何もいうことはできませんので、例えば生前贈与された土地を共有名義にしろ、などの請求はできません。しかし、今では、遺留分を侵害された相続人は減殺請求に代わり「遺留分侵害額請求権」を行使することができるのです。

その姉の真理子が持っている「遺留分侵害額請求権」とは、いったいどのようなものでしょうか。

二女 洋子さん

聡美弁護士

　今では、遺留分を侵害する贈与自体の効力は否定されなくなりましたが、遺留分を侵害された相続人は、遺留分に相当する金額を請求できることになったのです。長男真一さんと二女洋子さんに大半の財産を贈与した場合には、贈与自体の効力は覆ることはありません。ただし、相続発生から10年以内に真理子さんが現れれば、真理子さんは真一さんと洋子さんに対し、遺留分が侵害された額を金銭で請求できることになるのです。

## 遺留分に対する課税の取扱い

　それでは、せっかく贈与したのに、意味がなくなってしまうじゃありませんか。それにもし、真一と洋子が相続税を払ってしまっていれば、万が一急に真理子が戻ってきて、遺留分に相当する金銭を真一と洋子が払った場合には、相続税の払い過ぎじゃないですか。真一と洋子の税金はどうなるのですか。

横浜久男さん

晶子税理士

　久男さん、税金のことになると心配性になられますが、興奮なさらないでください。順番に税金についてお話してまいりますからご安心ください。
　まずは、久男さんから多額の贈与を受けた真一さんと洋子さんは暦年課税と相続時精算課税制度のどちらかを選択することになります。暦年課税で3,000万円を超える多額の贈与の場合には税率が50％を超えることにもなりかねませんので、相続時精算課税制度を選択されることをおすすめします。

長男 真一さん

私たちが相続時精算課税制度を選択した場合にはどれくらいの贈与税を支払わなければならないのですか。

晶子税理士

相続時精算課税制度には、令和6年1月1日以降の贈与からは毎年の110万円の基礎控除が創設され、さらに累積で2,500万円の特別控除がありますので、これらを控除した後一律20％の税率をかけて計算します。

例えば、相続時精算課税制度を初めて選択して1億円贈与した場合には、次の計算による贈与税額となります。

（1億円－110万円－2,500万円）×20％＝1,478万円

長男 真一さん

なるほど、暦年課税による贈与税額と比較すると、大きな特別控除額もあり随分安いですね。

晶子税理士

ただし、相続時精算課税制度を選択した場合には相続時に税金の精算をしますので、選択した人は贈与された財産を相続財産に加算して相続税の申告をしなければなりませんから、贈与財産の価値が変わらないとすれば相続税の節税にはなりません。

長男 真一さん

どちらの制度を選択するかの判断は難しいですね。だけど、多額の贈与だったら、晶子税理士がおっしゃったように相続時精算課税制度を選択すると思います。

横浜久男さん

なるほど、私は勘違いしていました。相続時精算課税制度を選択すれば、多額の贈与税負担を避けられると思っていたけど、財産の価値が変わらなければ相続時精算課税制度を選択した場合には節税にも増税にもならないのかあ。なるほど、税法もいろいろ考えて作られてますね。では、洋子たちが遺留分として払った金額はどのように考慮されるのですか。

**晶子税理士**　相続税申告の際に、真一さんと洋子さんが相続時精算課税制度を選択されていれば、真一さんと洋子さんは相続した資産に久男さんから贈与された財産の価額の合計額を相続財産に加算して相続税を計算するのですが、相続税の申告期限までに真理子さんに遺留分侵害額を支払っていれば、その金銭の額を相続財産から控除して相続税を計算することになります。遺留分の支払を受けた真理子さんは、その金額を久男さんから相続を受けたものとみなされ相続税の申告をして、その金額に対する相続税を納税することになります。

**二女 洋子さん**　相続税の申告期限なんて10か月でしょ。真理子姉さんが突然現れて、その時までに遺留分侵害額請求をして、真一や私と折り合うなんてことは考えられません。もし、支払額が決まったとしても何年もたってからですよ。その場合はどうなるのですか。

**晶子税理士**　真理子さんへの遺留分の支払いが相続税の申告期限後にあった場合は真一さんや洋子さんは支払った日から4か月以内に、既に支払った相続税について更正の請求をして、余分に払った相続税の還付を受けることができますので、ご安心ください。

**二女 洋子さん**　支払った遺留分に対する相続税が返ってくるなら、相続税や贈与税の払い過ぎの心配はないのがわかり、せめてもの慰めになります。

## 遺留分の計算上の生前贈与加算の期間制限

**横浜久男さん**　税金の件はよくわかりましたし、納得できます。
けれども、相続の遺産分けでは、贈与しても遺留分の対策にはならないということがわかり残念です。

　そうではありません。令和元年7月1日までの相続では、相続人に対する贈与は、何年も前に行われた贈与でも、原則として、すべて遺留分の計算上の持ち戻し対象とされていたのです。ところが今では、相続人に対する贈与は、原則として、相続開始前10年以内に行われた贈与だけが遺留分の計算の対象となるとして、ルールが変更されたのです。

本当ですか。それはとてもうれしい改正ですね。

　今、真一さんや洋子さんに財産を贈与しても、これから10年以上久男さんが長生きされれば、原則として、贈与した財産は遺留分の計算から除外されるということになるのです。

　私が贈与してから10年以上生きていれば、真一と洋子が贈与を受けた部分について真理子は遺留分の侵害として金銭の請求することができなくなるわけですか。それはいいですねえ。私は10年以上、生きると確信していますし、真一と洋子も私が長生きできるように大切にしてくれているので問題ないでしょう。

　ただし、この加算期間が相続の直近10年に制限されないことがありますので、注意が必要です。あとで詳しくご説明しますね。

　贈与にかかわらず、お二人とも今後とも久男さんを大事にされていかれると思いますので、いつも素敵な親子だなと思っております。ただ、問題は遺留分侵害請求権を考慮して、どれだけの財産を真一さんや洋子さんに贈与していくかですね。

えっ、私のほとんどすべての財産を真一と洋子に2分の1ずつ、贈与してしまいたいと思っているのですが、それでは何か問題があるのですか。

横浜久男さん

## 遺留分計算基礎に入る贈与の注意点

晶子税理士

　税金の観点からいえば、相続時精算課税制度を選択すれば、毎年の基礎控除額110万円を控除後、特別控除額の2,500万円を控除後の金額の20％に相当する金額の贈与税をいったん支払うことになります。その後、贈与者の死亡時の相続税申告の際に、贈与財産を贈与時の課税価格で相続財産に持ち戻して相続税額を計算します。贈与時と相続時の財産評価額が変わらないという前提の場合、大半の財産を贈与されたからといって税金負担は変わりませんので、ご安心ください。

聡美弁護士

　しかし、法律の観点から言うと、相続人に対する贈与は、原則として、相続開始前10年以内に行われた贈与だけが遺留分の計算の対象となるのですが、これには例外があるのです。それは、贈与者である久男さんと、受贈者である真一さんと洋子さんが、この贈与が真理子さんの遺留分を侵害することを知って行った場合には、相続開始から10年以上経過していていも、年数制限なく贈与を遺留分侵害額の計算に算入しなければならないのです。

遺留分を侵害することを知ってたかどうかなんて、どうやって判断するのですか。

横浜久男さん

聡美弁護士

　大半の財産を真一さんと洋子さんに贈与すると、贈与者である久男さんは、当然に真理子さんの遺留分に損害を加えることは知っていたと判断されます。真一さんと洋子さんは久男さんの財産がどれだけあるかを知っていたかどうかにより、遺留分に損害を加えることを知っていたかどうかが判断されます。ただ、久男さんの財産管理をしていた真一さんと洋子さんは、今回の贈与の規模からすると真理子さんの

遺留分に損害を加えることは知っていたはずだと、裁判では判断される可能性が高いですので危険です。

大半の財産を贈与したとしても、私の財産はまだ増え続けると思うのですが、それでもダメですか。

横浜久男さん

聡美弁護士

贈与当時に遺留分を侵害することを知っていただけでは足りず、将来において被相続人の財産が増加しないとの予見のもとで、その贈与がなされたものでなければ、損害を加えることを知ったとはいえないと判断されているものがあります。

それでは、私に収入があって、贈与時点では大半の財産を贈与しても、十数年後には財産が増加しているとの前提で贈与していれば、長女の真理子に損害を加えることを知って贈与したことにはならないということですか。

横浜久男さん

聡美弁護士

不動産所得の大元である収益物件を全て贈与している等であれば難しいでしょうが、基本的には久男さんのおっしゃるおりです。そのためには、贈与した時点で久男さんの平均余命がどれくらいであるかとか、健康状態も確認しておくことが必要です。平均余命は18年あっても大きな病気に罹患しており、あと数か月の命と宣告されている場合は、その時点での全財産を贈与すると、遺留分権利者の遺留分を侵害することを知って贈与契約が締結されたと判断される可能性が高いでしょう。

その点は大丈夫です。この間の人間ドックで、健康に太鼓判を押されました。といっても、お酒について休肝日を設けるようにとの注意を受けましたが…。

横浜久男さん

あら、お父様、そのことを私に内緒にしていましたね。今日わかりましたから、しっかりチェックさせていただきますからね。

おっと、口が滑ってしまいました。
聡美弁護士、聞かなかったことにしてそのまま続けてください。

はいはい。では健康に問題がないとしても、大半の財産を真一さんたち2人に贈与してしまっていれば、久男さんにはその後の運用益としての配当や利子等の収入も入らないことになってしまいますから、財産がどう増加すると考えるのかの説明も大変です。
　その点を考慮するならば、半分以下の財産を真一さんと洋子さんやその家族に贈与したうえで、残りの遺産を真一さんと洋子さんに相続させる遺言書を書くほうがよいのではないでしょうか。
　その方が、真理子さんに損害を加えることを知って贈与したとの判断がなされない可能性が高まると思います。その上で、久男さんに長生きしていただくのが一番ではないでしょうか。

お父様。私たちもなるべく困らずに相続を終わらせたいのでそうしてくださいますか。

おまえたちが望むなら、そうしよう。それには、まず真理子の遺留分を知る必要があります。聡美弁護士、計算の方法を教えてください。

## 遺留分の計算の仕方

聡美弁護士

遺留分は被相続人の子である場合には法定相続分の2分の1となっています。遺留分の算定基礎財産に算入すべき金額は、相続時の遺産だけではなく、遺産に相続人が10年以内に取得した特別受益を加算することとされています。

ただ、遺言等がない場合は法定相続となり、遺留分の問題は起こりません。この場合においては相続人への贈与は、遺産分割のときに考慮される「特別受益」として、遺留分のみに規定されている10年という年数制限がなく、すべての期間の贈与を持ち戻して法定相続分を計算することになります。遺言がないときの生前贈与は財産分けには効果がないので、勘違いなさらないでください。

では、遺言があることを前提に、遺留分の計算について教えてください。遺留分を計算するとき、生前に父から贈与を受けた財産の価額はどのように計算して加算するのですか。

二女 洋子さん

聡美弁護士

遺留分の算定基礎財産に含まれる贈与の価額は、受贈者の行為によってその財産が滅失したり、価額の増減があったりした場合でも持ち戻す価額は贈与された財産の相続時点での原状のままであるものとみなしての価額です。例えば地価の低いときに土地を、株価の低いときに株式を贈与しても、遺留分計算時の価格は相続開始時のその土地や株式の時価ですので、値上がりしていれば反映されますし、建物を贈与した場合は通常は相続開始時には経年劣化によって値下がりしていますので、遺留分額計算上は贈与時より安いものとして反映されます。

このように、生前贈与をしても遺贈をしても、遺留分の計算上は「相続開始時の時価」となってしまうため、まったく変わりはありません。

えっ、私は勘違いしてたのかな。贈与するときは、いつも評価が下がってからと、晶子税理士に言われていたような気がします。

横浜久男さん

ええ。そう言っていました。生前贈与した財産を持ち戻す規定は、相続税法と民法では大きく異なります。相続税法では生前贈与を加算するときは、相続時精算課税制度を含め贈与の時の価額で持ち戻しますが、民法では先ほどの説明どおり、相続時の価額に置き換えられるのです。勘違いされる人が多いので、遺留分の計算時にはしっかりした説明が必要です。

その遺留分ですが、先程弁護士から説明があった10年以内という期間制限は、遺留分義務者にとっては非常に大きなメリットとなりましたね。

そうです。ただし、既に詳しくご説明しましたように、全財産を一度に贈与したような場合は、相続人に対する贈与や、孫等に対する贈与であったとしても「遺留分権利者を害することを知ってした贈与」とされて、年数制限なく持ち戻しをされることもありますので、注意が必要です。また、被相続人が遺言によって、「特別受益の持戻は免除する」という意思表示をしたとしても、遺留分の基礎財産を算出するにあたっては適用されません。

10年以内ならば、一昨年私は父から住宅取得資金として1,500万円の非課税贈与を受けていますが、これは贈与税の非課税財産ですから持ち戻しの対象外ですよね。

いいえ、税法と民法は大きく異なります。民法では非課税云々とは無関係に、「生計の資本としての贈与」が持ち戻しの対象となります。この「生計の資本としての贈与」というものは幅広く、相続人への10年以内の贈与であれば、民法的にはほとんど遺留分計算に持ち戻される贈与に該当するでしょう。洋子さんへの住宅取得資金贈与は、贈与時から10年経たないと残念ながら遺留分基礎財産に戻されることになります。

もらい得という訳にはいかないのですね。お父様、頑張ってあと8年以上生きてくださいね。そうすれば、遺留分侵害額請求の対象にならないのですから。

横浜久男さん

わかってるよ。本当に、洋子は母さんに似てきて、口が達者になったね。

二女 洋子さん

お父様ったら酷い言い方ね。本当はとっても大事にしてくださっているので、本気にしてませんけどね。

聡美弁護士

まあまあ、そうおっしゃらずにお聞きください。
　不動産等の生前贈与を受けたのであれば、登記等からその生前贈与された財産がどのようなものかが客観的に明らかになりますし、非課税贈与の場合は贈与税の申告もありますので明確となります。これに対し現預金等での生前贈与が行われた場合、実際の金銭の流れがわからないことも多く、金額自体もはっきりしないこともあるため、贈与があったことを証明すること自体が困難であるケースが多くなります。
　しかし、被相続人の口座から出金された金額と同じような日に別の口座に同様の額が入金されている場合や、被相続人から相続人に振込みがあったような場合には生前贈与と認定されるでしょう。一方、真理子さんの場合は勝手に引き出したのですから、横領ともいえますので本来の相続財産になると思えます。

晶子税理士

　現実的には、この特別受益というのは非常に立証が困難に思えます。だから、遺言書に贈与について言及しておくとか、贈与の証拠を残しておく必要があると、お客様には説明しています。
　では、このようにして計算した遺留分算定基礎財産から遺留分を計算する方法についても教えてください。

## 遺留分割合の計算

聡美弁護士：兄弟姉妹以外の法定相続人には遺留分が認められており、その割合については法律で決まっています。その遺留分の割合は、父母等の直系尊属のみが相続人の場合は相続財産の3分の1、それ以外の場合は2分の1となります。兄弟姉妹やその代襲相続人である甥や姪には遺留分が存在しませんから、兄弟姉妹等は被相続人の行った生前贈与や遺贈について、遺留分侵害額請求を行うことができません。

長男 真一さん：なるほど。真理子姉さんの場合は法定相続分である3分の1の半分ですから、6分の1ですね。

## 遺留分権利者が実際に請求できる遺留分の計算

横浜久男さん：もし、私が真一と洋子に贈与してから10年以上長生きし、私と真一と洋子が、贈与時には真理子に損害を加えるまでの認識がなかったとされたとします。この場合には、真一と洋子に贈与した分については遺留分侵害額の請求の対象とならず、相続時の遺産の6分の1だけが遺留分となるわけですね。ただ、遺留分を侵害することを知っていたかどうかという点は微妙ですね。だって、こうやって話しているのですから。

聡美弁護士：やはり、久男さんの総財産の2分の1を超える贈与は避けられた方がいいですね。

横浜久男さん：もう1つ質問があります。真理子は私の預金を勝手に5,000万円引き出して持って行きました。10年以上前の話なので、これは遺留分を計算するときには何の関係もないのでしょうか。

聡美弁護士　遺留分算定基礎財産に、上記で説明した実際に遺留分を請求する遺留分権利者の遺留分割合を掛け算して、その遺留分権利者の遺留分額が計算されます。

　もっとも遺留分権利者は、この遺留分の全額について、受遺者等の遺留分義務者から支払を受けられるわけではなく、遺留分額から下表の金額を引き、遺留分権利者が相続により承継することになった債務の額を足した残額を請求することになります。

【遺留分額から差し引く金額】

| ① | 遺留分権利者（自身）の受ける遺贈の価額 |
|---|---|
| ② | 被相続人から遺留分権利者が受けた特別受益に当たる贈与の価額（年数制限なし） |
| ③ | 遺言の対象となっていないなどで、遺留分権利者が遺産分割に参加する財産から取得することのできる、遺留分権利者の具体的法定相続分 |

横浜久男さん　原則は、遺留分を算定するときには、真理子に贈与した分は計算基礎に足して引けると考えるのですが、もう10年以上たっているから足すこともないけど引くこともできないんですよね。なんか残念です。

聡美弁護士　いえいえ。よく聞いてください。遺留分権利者が実際に受け取ることのできる遺留分の計算は、以下の算式のとおりとなります。

> 遺留分算定基礎財産×遺留分権利者の遺留分割合
> 　　－上記の①～③の合計＋遺留分権利者の承継する債務の額

**このように、遺留分算定基礎財産の計算上戻される相続人への贈与は、原則相続開始前10年という制限があり、**この10年という期間制限が遺留分を払う遺留分義務者である真一さんや洋子さんだけに有利に働くことになったのです。

　つまり、遺留分を計算する場合に持ち戻す生前贈与については10年間という期間制限がついたのですが、今では遺留分侵害額の計算上、遺留分をもらう遺留分権利者である真理子さんの受けた生前贈与は年数制限なく控除されるのです。

ちょっと待ってください。こんがらがってきました。遺留分の計算は10年以内の贈与までしか遡らないとお話しいただいたと思うのですが、支払う遺留分からは年数制限なく、遺留分を請求した人の特別受益を引けるということですか。

長男 真一さん

　そうです。遺留分を計算する場合に持ち戻す生前贈与については10年間という期間制限がついたのですが、遺留分侵害額の計算上、遺留分権利者（遺留分をもらう真理子さん）の受けた生前贈与は年数制限なく控除されるのです。よって、これまでと同じく何十年前であっても、遺留分権利者である真理子さんにまとまった贈与等をした証拠があれば、遺留分額の計算において算出された遺留分から、その額を控除した額を遺留分として渡せばよいのです。

聡美弁護士

　では、昔真理子が持ち出した5,000万円は10年以上経っていますが、遺留分の請求額から控除してもらえるのですね。

横浜久男さん

　簡単にそう言い切れないのが問題です。
　久男さんの口座から勝手に真理子さんが引き出しを行っただけでは、いわゆる不法行為として真理子さんが損害賠償請求の債務を負っている状態です。つまり久男様の財産構成が「預金5,000万円」から損害賠償請求権という「金銭債権5,000万円」に姿を変えたに過ぎない、というのが法律上の関係なのです。久男さんのお持ちの財産、遺留分計算上の遺産の中に不動産や預貯金同様、5,000万円の損害賠償請求権も存在している、というわけです。
　真理子さんが勝手に久男さんの預金を引き出したとしても、特別受益にあたるか否かは検討する必要があるのです。

聡美弁護士

　真理子に5,000万円を請求できるといっても、そんなお金は絶対に戻ってくるわけがありません。それなのに遺留分の計算のときに差し引くこともできないのでは理不尽です。

横浜久男さん

　民法として、この5,000万円を真理子さんの遺留分から差し引く方法は大きく2つあります。
　まず1つ目は、真理子さんへの債務の免除という方法です。損害賠償請求権を有する者（被相続人）が不法行為者（相続人の1人）に対して、もう返ってこないと諦めて債権を放棄して、債務を免除すれば、債務者はもう誰にも返済を行う必要がなくなるわけですから、その債務免除された額の利益を受けたことは明らかです。この不法行為プラス債務免除をもって、真理子さんの特別受益に相当することとし、その分真理子さんが請求できる遺留分の金額を減らす方法です。

　返済義務を免除するなんてなかなか納得はできませんが、真理子が5,000万円も返せるわけもないので、その5,000万円が特別受益となり、結果として遺留分を減らせるならば、検討の余地がありますね。

　ただし債務免除は、相手方の同意こそ不要ですが、債権者の免除の意思表示が債務者に到達する必要があります。真理子さんとは連絡が取れないということですし、なかなかハードルが高い問題です。
　住民票住所の調査等を行って、裁判所を利用するといった複雑な手続が必要ですが、公示で解決できないかを考える必要がありますね。

　連絡が取れないと、債務免除をするのも大変ですね。
　それに私としては正直に言うと、真理子には連絡を取る気がまったく起きないのです。変に通知が届いてのうのうと会いにでもこようものなら、頭に血が上りすぎて私の寿命が縮んでしまいそうですよ。

　さらに、税金の問題もあります。債務免除をすると、当然に真理子さんに経済的利益が生じ、それに対して贈与税がかかることになります。ただし、真理子さんが資力を喪失して債務の弁済が困難であることを証明できれば、贈与税はかかりません。

長男 真一さん

　そんなこと言ったって、生死もわからない真理子姉さんの財産状態なんて私たちにはわかりませんよ。

晶子税理士

　いやあ、そうしますと、最悪の場合、贈与税の連帯納付義務が発生し、真理子さんの贈与税を、贈与した久男さんが払わないといけなくなるリスクさえあります。

二女 洋子さん

　どうやら、いろいろ難しいことがありそうですね。
　いっそのこと、債務免除以外のもう１つの方法を考えてはどうかしら。聡美弁護士、どんな方法ですか。

聡美弁護士

　それは、遺言であえてこの5,000万円の損害賠償請求権は真理子さんに相続させる財産として記載しておくことです。こうすれば、真理子さんは5,000万円相当の財産を相続時に取得することになりますから、当然受け取ることのできる遺留分は減少します。

二女 洋子さん

　遺言で真理子姉さんに債権なんか遺してしまって、大変なことにならないか不安です。大丈夫なんでしょうか。

聡美弁護士

　この5,000万円の債権は、債務者が真理子さんご自身であることを記載しておき、実際に勝手な引出しが真理子さんが行ったものであれば、債権者と債務者が完全に同一となって、真理子さんの債権も債務も消えるだけで、それ以上のことは起こりません。これを法律用語では混同といいます。

横浜久男さん

真理子に今わざわざ債務免除通知を送るのもいやだし、この遺言による対処がいいように思えてきました。
ただ、なにか税金上の問題は生じないか心配なんですが、晶子税理士、大丈夫ですか。

晶子税理士

今のうちに免除しておかない場合には、久男さんの相続時に5,000万円の債権があることになり、その5,000万円に対する相続税の負担は真理子さんとなりますが、相続財産が5,000万円増加することになり、洋子さんと真一さんの相続税負担も少し増えることになります。
なお、申告してくれないと、贈与税と同様に相続税の連帯納付義務が発生し、真理子さんの相続税を、他の相続人である洋子さんと真一さんが払わないといけなくなるリスクがあります。

長男 真一さん

そんな理不尽なことがあるのでしょうか。真理子姉さんの税金まで、私たちが払わないといけないなんて……。

横浜久男さん

まあまあ、それは法律で決まっているのだから、仕方ないよ。
でも、これは遺言か債務免除か、どちらがいいかかなり悩ましい問題だなあ。真一、洋子。よく話し合って、どちらの方法にするかを決めよう。

聡美弁護士

そうですね。かなり難しい問題ですから、ご家族でよくお話されて決めてください。
ただし、いずれの方法でもきちんと対処さえしておけば、税金面の負担を除き、昔真理子さんが持ち出した金銭はこれまで同様に遺留分から控除できるのです。

横浜久男さん

　この持ち逃げされたお金の問題はいったん置いておくとすると、金銭で払わなければならなくなったことを除いては、遺留分義務者である真一と洋子に有利な民法改正があったのがわかり、とてもほっとしています。

聡美弁護士

　本当にそう思います。早期の贈与で、遺留分の悩みがずいぶん解決できると思います。

長男 真一さん

　私も、民法上は値上がりしても値下がりしても、生前にもらっても相続でもらっても同じだということもよく理解できました。
　遺留分の問題は非常に複雑なことや、いかに贈与するか、あるいは遺言を作成するかで、遺留分の問題に対処できるなんて、安心できます。ただ、私の相続する財産は大半が不動産なので、もし遺留分を請求されたら現金で払えませんが、不動産で払ってもいいのですか。

聡美弁護士

　遺言や生前贈与によって遺留分を侵害された相続人である遺留分権利者は、自らの侵害された遺留分に応じて、遺留分に相当する金銭の支払いを求める「遺留分侵害額請求」を行うことができます。
　遺留分侵害額請求の際、侵害額については土地や株式等の財産についてさまざまな評価方法があるため、直ちにいくらと評価できるものではありません。紛争が長引けば裁判所での裁判等で決定する必要が出てきますが、多くの場合、当事者間の話し合いで遺留分の侵害額が合意されています。
　この遺留分侵害額請求をされた相続人等である遺留分義務者は、現金による支払いを行う必要がありますが、双方が合意すれば現物によって遺留分の支払いに充ててもかまいません。これは代物弁済の一種ということになります。ただし、遺留分義務者には税金上の注意点があります。

　遺留分侵害額を払えない遺留分義務者が、相続した不動産や自社株式を直接、遺留分権利者に渡した場合には、代物弁済と同様に、遺留分義務者は、原則として、その引渡しがあった時に、資産の引渡しにより消滅した債務の額に相当する価額によりその資産を譲渡したこととみなされます。

　つまり、その資産の取得価額により譲渡時の時価が高い場合、現物で遺留分侵害額を払うと、その現物を侵害額相当額で譲渡したものとみなされ譲渡所得税を納税しなければならない可能性があります。現物で支払わなければならないことも想定されるなら、このことも十分ご注意ください。

---

所得税基本通達

（遺留分侵害額の請求に基づく金銭の支払に代えて行う資産の移転）

**33－1の6**　民法第1046条第1項《遺留分侵害額の請求》の規定による遺留分侵害額に相当する金銭の支払請求があった場合において、金銭の支払に代えて、その債務の全部又は一部の履行として資産（当該遺留分侵害額に相当する金銭の支払請求の基因となった遺贈又は贈与により取得したものを含む。）の移転があったときは、その履行をした者は、原則として、その履行があった時においてその履行により消滅した債務の額に相当する価額により当該資産を譲渡したこととなる。

（注）当該遺留分侵害額に相当する金銭の支払請求をした者が取得した資産の取得費については、38－7の2参照。

---

　遺留分を請求された場合の対処方法も考えておかなければならないと思います。贈与税と相続税の負担について晶子税理士によく相談したうえで、真一と洋子とその家族に対して、まずは生前贈与を実行するつもりです。その上で、真理子の遺留分に対処するための遺言について考えたいと思います。

　遺言書を書くときにこの遺留分について注意すべき点は何でしょうか。

　遺留分を侵害するような遺言はそもそも作成することができないと思っている人もいるようですが、これは思い違いです。遺留分を侵害するような内容の遺言書を作成したとしても、侵害された遺留分権利者から遺留分侵害額請求権を行使されるだけで、遺言自体が無効にな

ることはありません。

　行方不明の相続人がいる場合など、財産承継等を考えてどうしても書きたい内容の遺言があるけれども遺留分を侵害してしまう、という場合にはその遺言を作成してしまって構いません。しかし、単に書きっぱなしにしてしまうと、後継者となる相続人等にとっては大変なことですから、その遺言を遺す意味や対策についても生前からよく確認し合っておくことが重要です。

　金融機関の人が遺留分のことを考慮して遺言書を書きましょうって、セミナーで聞いたことあるような気がしていたんですが、構わないんですよね。

横浜久男さん

聡美弁護士

　常に遺留分を侵害しないことを守るのではなく、相続人の中に行方不明者がいる久男さんのような場合の遺言や、わざわざ生前に推定相続人に遺留分放棄をしてもらった場合の遺言まで遺留分を確保する必要はありません。相続人間の関係やこれまでの経緯、多くを遺される相続人が遺留分侵害額請求を受けても構わないと覚悟をしているかという個別の事情を踏まえて遺言の内容を考えることが大切です。

　久男さんの遺言書の場合は真理子さんの遺留分は考慮しないでよいと思います。

　不動産等も含め、贈与しなかった全ての財産を真一と洋子に残す遺言を書こうと思っていますので、どうしても真理子の遺留分を侵してしまいますが、どのようなことに注意すればよいでしょう。

横浜久男さん

聡美弁護士

　久男さんの場合のように、遺留分を侵害する内容の遺言を遺すつもりの場合には、真一さんと洋子さんがもし真理子さんが現れて遺留分侵害額請求を侵された場合に備えて、真理子さんに支払う代償金を用意しておくことが重要です。遺留分侵害額請求を受けた際には、現金として支払うことのできる財産、つまり預貯金等の流動資産が必要になりますので、流動資産として遺産の確保が重要です。

なるほど、急に遺留分を請求されたときに慌てなくてよいようにお金を用意しておけば、安心という訳ですね。

二女 洋子さん

聡美弁護士

　遺産にこだわらず、原則として特別受益に当たらない生命保険金や死亡退職金を代償財産に充てる方法もあります。生命保険等を活用する場合は、受取人を、代償財産を支払うべき人にしておくことに注意してください。
　他の方法としては、相続人自身が被保険者を被相続人とする生命保険契約の掛け金を支払って、自身を受取人にする方法もよいでしょう。この方法の場合は保険金が非常に高額であっても特別受益に当たるとされるおそれはありませんし、相続税の対象にもなりませんので、検討してみてください。
　ただし、無税ではなく受け取った相続人に所得税が課税されることもあります。単に遺言をするだけでなく、代償財産の確保にも気を配って困らない相続を実現してください。

　いやー、困らない相続を実現するのはずいぶん工夫がいるようですね。まずは晶子税理士に財産の評価や確定をしていただき、その後どのように遺産分けをするかお2人に相談しながら、贈与や遺言書による対応策を実行していきたいと思います。

横浜久男さん

## Point

① 贈与しても10年以内に遺留分を請求されれば支払い義務がある
② 遺留分を支払った場合には確定後4か月以内に更正の請求ができる
③ 遺留分算定基礎財産に算入される相続人への贈与は原則として相続開始前10年以内に限定
④ 遺留分を侵害することを知っていれば10年以上経過していても贈与は遺留分算定基礎財産に算入される
⑤ 遺留分額からは権利者が受けた特別受益は年数制限なく差し引かれる
⑥ 連絡の取れない相続人がいる場合、生前対策しておかないと手続が煩雑に

# 事例 8 相続税法の改正も考慮して贈与で遺留分を解決する

## 横浜久男さんの相談(事例7の続き)

横浜久男さんは横浜市に200坪の自宅、400坪の宅地とその上の7階建てマンション、東京都港区にマンション3室を所有しており、時価総額は10億円相当であり、その他有価証券や預貯金を合わせると金融資産は5億円以上ある資産家です。お金を持ち逃げして行方不明の長女がいる久男さんは遺留分についてきちんと理解し計算もしてもらったので、長男と二女、その家族への生前贈与を始めるつもりです。贈与税も改正され賢い贈与をすれば、遺留分と相続税についての2つの対応策ができるのを確信した久男さんは、長男、二女と一緒に遺留分と改正税法について教えてもらった晶子税理士と聡美弁護士に具体的な対策の立案を依頼しました。

## 横浜久男さんとその家族の状況

久男さんはすでに妻を亡くしており、相続人は長女の真理子さん、二女の洋子さん、長男の真一さんの3人です。長女の真理子さんとは生きている間に会うことはないと諦め、二女の洋子さん、長男の真一さんに財産を相続させるつもりです。ところが真理子さんには生きている限りは相続する権利があるため、相続時の手続や遺留分の問題が生じることと相続税の節税対策のために、久男さんは二女の洋子さんと長男の真一さん、その家族に、改正された相続税法を賢く活用した生前贈与をして、対応策を実行することにしました。

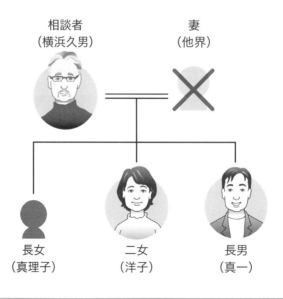

## 相続人の廃除

横浜久男さん

　私は私のお金を持ち逃げし消息不明の真理子がもし生きていたとしても、もう財産を残すつもりはありません。いっそのこと、真理子と親子の縁を切りたいのですが、どうしたらよいでしょうか。

聡美弁護士

　いわゆる勘当のような、親子の縁を切る法律上の制度は存在しません。しかし相続権を奪うことができる制度は相続欠格や相続廃除というものがあります。欠格は、被相続人や共同相続人を死亡させて刑に処せられた場合等に自動的に成立するものですから、こちらから能動的に欠格を成立させる、ということはありません。
　これに対し廃除は、親であれば家庭裁判所に対し、推定相続人の廃除の申立てを行うことができます。ただし、廃除の申立てが認められるには、その相続人の被相続人に対する虐待や重大な侮辱、著しい非行が必要とされます。これらの事実を証明することは容易ではありませんので、家庭裁判所が廃除を認めるのはなかなか難しいのです。それに、もし廃除が認められたとしてもその相続人に子がいれば孫が代襲相続することになります。

横浜久男さん

　真理子は生きているのかどうかもわからず、子がいるかどうかなんて今の段階ではわかりませんので、代襲相続はあるかどうかもわかりません。さらに、10年以上前に5,000万円持ち逃げしたのを証明するのは難しく、そう簡単に廃除はできないように思います。
　そうなると真一と洋子に贈与しておいても遺言書を書いても、真理子には遺留分があると思いますので、遺留分対策と節税対策を兼ねて、思い切って真一や洋子とその家族にある程度の財産を贈与しようかと思っています。この方法について、前回いろいろ教えていただいたので、今回は具体的な方法についてお尋ねしたいと思っています。

## 遺留分計算における特別受益の持ち戻し

聡美弁護士：前回、遺留分の計算においては10年間の贈与が持ち戻されるとお話ししましたが、これは被相続人から相続人への特別受益に限られます。

長男 真一さん：はい。私や洋子姉さんへの贈与は早くすればするほど、効果が高いと覚えています。

聡美弁護士：一度に多額の贈与の場合は遺留分を侵害することを知ってしたと判断されかねませんから、想定遺産の2分の1以下の財産を贈与されるのがよいでしょう。そして久男さんに長生きしていただき、贈与から10年を超えると、遺留分算定基礎財産から外れることになります。

長男 真一さん：極端に言えば、私が父の財産の4分の1、洋子姉さんが4分の1の贈与を受けたとします。2人合わせても2分の1ですから、父さんが10年以上長生きしてくれてから相続が発生すれば、その後真理子姉さんやその子供が急に現れたって、遺留分を侵害する意図がないとされますよね。

そうすると、遺産の2分の1×遺留分割合6分の1となるのですから、遺留分侵害額として支払わなければならない金額は12分の1となり、法定相続分と比べると随分少なくて済みますね。

聡美弁護士：まさに、その方法が一番効果的でしょう。

## 多額の贈与の場合は精算課税制度を選択する

二女 洋子さん

ちょっと待って。そんなに多額に一度にもらったら贈与税が大変なのではありませんか。

晶子税理士

そのような場合にこそ、相続時精算課税制度を選択されてはいかがでしょうか。毎年の基礎控除110万円を控除し、その後累積特別控除額2,500万円を控除して、税率20％を掛けるのですから、非常に負担の低い贈与税で済みます。

長男 真一さん

5億円贈与してもらっても、1億円までの贈与税で済むのは凄いなあ。

晶子税理士

でも、相続時に相続で取得した財産に、相続時精算課税制度でもらった財産を加算して相続税を計算しなおし、既に支払った贈与税は控除しますので、贈与税の払い過ぎにはなりませんが、相続税の節税にはなりません。

## 暦年課税による長期間贈与の活用

二女 洋子さん

私は相続税の節税もしたいので、一気に贈与を受けるのではなく、父に長生きしてもらって分割して贈与してもらい、暦年課税で納税するつもりです。その際、贈与税を抑えるためには多くの人に多額でない金額の贈与がおすすめと聞いたので、私のもらう分を娘たちにも分けて贈与してほしいと思っているのですが、この節税対策は効果がありますでしょうか。

　相続税率より低い税率の贈与を繰り返すことは相続税対策となりますから、おっしゃるとおりです。ただし、相続税法では、相続等により財産を取得した者が相続開始前7年以内に贈与された財産及び相続時精算課税制度の適用を受けた基礎控除後の贈与財産を加算しますので、これらの贈与は原則として相続税対策となりません。

　つまり、それ以外の贈与は相続税の対象外となりますので、7年以上の長期間にわたり、上手に贈与することはベストな相続税対策となるのです。例えば、真一さんや洋子さんとその配偶者、お孫さんたちに毎年1,000万円くらいの贈与を続ければ、年数が経てば経つほど大きな相続税効果が表れます。

　そうなんですね。一体いくらくらいの贈与税になるのですか。

　洋子さん、真一さん、18歳以上のお孫さんは直系血族の特例贈与税率を適用できるので、1,000万円の贈与ならば177万円で17.7%の贈与税となります。また、それぞれの配偶者の方と18歳未満のお孫さんは一般贈与税率となりますので、1,000万円の贈与ならば231万円で23.1%の贈与税となります。久夫さんの実効相続税率は50%前後が予想されますので、非常に安い税負担で済みます（21ページ「贈与税と相続税の税率比較表」、28ページ「相続税の速算表」、244ページ「贈与税の速算表」参照）。

　あら、嬉しいわ。1,000万円×8人で8,000万円ですから、10年も続ければ、8億円も低い税率で贈与できるのですから、素晴らしいですね。

　また、真一さんや洋子さんの配偶者やお孫さんが相続の時に財産をもらわず納税義務者にならなければ、相続開始前7年以内の贈与であっても相続財産に持ち戻しされず節税効果が確定しますので、非常に有効な対策です。

## 孫への贈与は効果的

二女 洋子さん

なるほど、私の子たちへの父からの贈与は相続税の節税対策になる優秀な方法と分かり、安心しました。遺留分については、どう考えればよいのでしょうか。

横浜久男さん

そうそう。孫は相続人ではないので、贈与しても、相続開始前１年以内の贈与しか、遺留分の算定基礎財産に入れられないんですよね。

聡美弁護士

はい、原則はそう定められています。さらに、生前にお孫さんたちに財産を贈与することで、その財産については相続発生時に誰が相続するかで、もめることはありません。その意味で生前贈与により財産取得者を特定することは効果があります。

二女 洋子さん

孫への贈与って、遺産分けにも相続税にも効果の大きな方法なのが、よくわかりました。この贈与を活用していきたいと思います。

聡美弁護士

しかし、その生前贈与が贈与する方も贈与される方も遺留分を侵害することを知って行われた場合には、民法上の遺留分を減少させることはできません。なぜなら、生前に遺留分侵害を知って行われた贈与による財産は年数制限なく持ち戻されて遺留分が計算されるからです。
例えば、真理子さんの遺留分額を減らそうとしてお孫さんたちに半分以上の財産を贈与した場合には、遺留分の計算に際して持ち戻しされるでしょう。

横浜久男さん

そうですか。孫への多額の贈与についても、遺留分を減らす効果がないのですか。
ちょっとがっかりです。

いえいえ。お孫さんたちに一気に多額の贈与を行うのではなく、相続人以外の人へ少額の贈与を繰り返し行うのであれば遺留分侵害の意図は認められないでしょうから、ご安心ください。お孫さんへの少額の贈与は非常に効果の高い対策です。

そうです。もし、お孫さんが久男さんの相続に際し遺産をもらわず、納税義務者にならなければ、暦年課税による贈与の場合、相続税に関しても相続開始前7年以内、たとえ直前であっても課税相続財産に加算されず相続税の節税効果は大きいので、相続税上もおすすめの対策です。それに、もっと相続税対策効果の大きい贈与もありますよ。

どんな贈与ですか。私はなるべく税金を払いたくないというちょっと困った日本人ですので、すごく興味があります。

## 教育費の負担は節税効果の高い贈与

相続税の計算上、相続財産に加算されるのは課税対象となるものだけですので、贈与税の計算において通常必要と認められる範囲のもの、例えば高額であっても教育費や医療費は贈与税の非課税財産となっており、贈与税の課税財産に加算されないからです。

祖父母が孫の教育費や医療費を負担しても、それが社会常識の範囲で行われている限りは、贈与税は非課税と決められています。最高の相続税対策はお孫さんの教育費、例えば医学部の学費や海外への留学費用等を久男さんが直接負担されれば、税金のかからないベストな方法といえるでしょう。ただし、お孫さんが贈与されたお金を使わずに貯蓄すれば非課税となりませんので、ご注意ください。

孫の教育費って非課税だったのですか。同居していないとだめなのだと勝手に思っていました。真一や洋子のところの孫の教育費を私が負担してやっても贈与税がかからないのですね。

**晶子税理士**: 原則はそうですが、直接久男さんが負担するのではなく、真一さんや洋子さんの口座に振り込むと、何のための贈与か明確には区分できません。真一さんや洋子さんは収入もある上、自身の預貯金もありますので、単に金銭贈与となってしまって贈与税がかかるおそれがありますので、注意が必要です。

**聡美弁護士**: ただし、民法上の相続分の計算では、学費・結婚の際の持参金その他の生活費など贈与税の非課税財産であっても、特別受益として財産分けの際に持ち戻して相続分の計算が行われる場合もあります。よって、それが真一さんや洋子さんへの贈与とされた場合、相続財産に持ち戻されて、法定相続分や遺留分が計算されることになります。

もちろん、お孫さんへの直接の贈与とされれば、相続開始前1年以内の贈与を除き、遺留分の対象とはなりません。

**二女 洋子さん**: 高額といっても、娘たちの学費はお父様の全財産から比べると、大した割合にならないので、贈与税もかからず、遺留分の対象にもならないなんて、ありがたい方法ですね。

**聡美弁護士**: お孫さんへの贈与は遺留分を侵害する意図がない限りは、1年が経過するだけで相続財産に持ち戻されないので、ぜひ実行ください。

## 教育費一括贈与の非課税措置

**横浜久男さん**: そういえば、子や孫への教育費に限り多額を一括贈与しても税金がかからない特例があるって、テレビで聞いたことがあるのですが、どのような特例なのですか。

**晶子税理士**

　日本では子供を私学等に行かせた場合、家計に占める教育費の割合が高く、親世代の子育ての大変さは将来の教育費への不安が大きいとされています。また、孫の教育費なら支援したいと思う祖父母は多いのですが、多額を一括贈与すると贈与税が課税されるため、躊躇しているのが実情でしょう。そんな不安を解決するために、教育資金の一括贈与に係る贈与税の非課税措置が設けられています。

　30歳未満の子・孫等の教育資金に充てるために、その直系尊属である祖父母等が令和8年3月31日までの間に金銭等の贈与等をし、教育資金管理契約を締結した金融機関に信託等をした場合、拠出された信託受益権等の価額のうち受贈者1人につき1,500万円までの金額については贈与税が課税されないという制度です。

**横浜久男さん**

　なるほど、そのたびに学費を払う必要もないし、私がいなくなっても学費負担ができるのだから、なかなか便利な特例ですね。もらった教育資金はいつでも、どのようなことにでも使えるのですか。

**晶子税理士**

　学校等に直接支払われる入学金、授業料その他の費用に充当できます。また、1,500万円の非課税限度額のうち500万円については、学校等以外の塾代やお稽古ごとの費用にも使えますよ。

**長男 真一さん**

　学校に払うのだったら、学費に限らなくてもよいのですか。塾代やお稽古などの費用もばかにならないのですが…。

**晶子税理士**

　幼稚園や保育園の費用も、学校等に払う施設設備費、教育充実費、修学旅行・遠足費等もOKです。学校等が業者に代わって費用を徴収するなら、教科書代や給食費で業者等に払うものも含まれます。

　ところが、学校等で使用する教科書代や、修学旅行費などであっても、学校でなく業者等に直接支払いをする場合は、原則として学校以外の支払いとされ、500万円の枠になります。

細かい決まりごとがあるようなので、よく気を付けないといけないのがよくわかりました。学校以外の500万円の非課税枠の取扱いはどうなっているのですか。

長男 真一さん

晶子税理士
　これは範囲が広いですよ。学習塾・家庭教師・そろばんなどの学習活動はもちろんですが、スイミングスクール・野球チームでの指導などのスポーツ活動、ピアノの個人指導・絵画教室・バレエ教室などの文化芸術活動、習字・茶道などの教養活動に直接支払う費用だったらOK なのです。先生に教材代や賃料を払っても対象になります。

　特例の教育資金管理契約は終了することもあるのですか。また、終了したのに残金が残っていたような場合にはどうなるのですか。

長男 真一さん

晶子税理士
　教育資金管理契約は、もらった人が在学中等でない場合には30歳に達した日等に終了します。終了した日における残額については、その日の属する年に贈与があったものとして贈与税が課税されます。なお、令和5年から課税が強化されて、この場合、お孫さんであっても低い税率（直系卑属の特例税率）は使えず、一般税率になるのでご注意ください。

　洋子の子たちはもう大学院生と大学生なので、この孫たちが一人前になるまでは直接私が教育費を負担しようと思いますので心配はしていません。

横浜久男さん

　ただ、真一の子たちはまだ中学生と小学生なので、一人前になるまでに、万が一私に相続が起こってしまう可能性もあると思うのですが、晶子税理士、この特例を使ったほうがよいでしょうか。

## 【教育資金の範囲】

| 非課税枠 | 範 囲 | 例 |
|---|---|---|
| 学校等※に対して直接支払われる金銭（1,500万円を限度） | ① 入学金、授業料、入園料、保育料、施設設備費又は入学（園）試験の検定料など<br>② 学用品の購入費、修学旅行費や学校給食費など学校等における教育に伴って必要な費用など | ・入学金、授業料、入園料、保育料<br>・施設設備費、教育充実費、教育運営費<br>・修学旅行・遠足費<br>・入学検定料<br>・在学証明書・卒業証明書等の手数料<br>・ＰＴＡ会費<br>・学級会費・生徒会費<br>・学校給食費・寮費 |
| 学校等以外の者に対して直接支払われる金銭（500万円を限度） | イ 役務提供又は指導を行う者（学習塾や水泳教室など）に直接支払われるもの<br>③ 教育（学習塾、そろばんなど）に関する役務の提供の対価や施設の使用料など<br>④ スポーツ（水泳、野球など）又は文化芸術に関する活動（ピアノ、絵画など）その他教養の向上のための活動に係る指導への対価など<br>⑤ ③の役務の提供又は④の指導で使用する物品の購入に要する金銭 | 以下の教育活動の指導の対価として支払う費用や、施設使用料、使用する物品の費用。<br>・学習塾・家庭教師、そろばん、キャンプなどの体験活動等<br>・スイミングスクール、野球チームでの指導など<br>・ピアノの個人指導、絵画教室、バレエ教室など<br>・習字、茶道など<br>学校等が資料で業者を通じての購入や支払を保護者に依頼しているもの<br>・教科書・副教材費・教科教材費（リコーダー・裁縫セット等） |
| | ロ イ以外（物品の販売店など）に支払われるもの<br>⑥ ②に充てるための金銭であって、学校等が必要と認めたもの<br>⑦ 通学定期券代、留学のための渡航費などの交通費 | ・学校指定の学用品費（制服、体操着、ジャージ、白衣、上履き、通学かばん等）<br>・卒業アルバム代、行事写真代<br>・修学旅行・林間学校等の校外活動費<br>・給食費（学食や購買部に支払う費用以外のもの）<br>・オンライン授業の実施に伴う物品（パソコン・プリンタ等） |

（注） 学校等とは、学校教育法で定められた幼稚園、小・中学校、高等学校、大学、大学院、専修学校及び各種学校、一定の外国の教育施設、認定こども園又は保育所などをいいます。

晶子税理士　今までもお孫さんの教育費を負担しても贈与税はかかりませんでした。この特例のメリットは、一括で渡せることと、自分の死後も教育費を負担できるという2点なのです。久男さんはまだまだお元気ですから、洋子さんのお子さんたちには必要な都度、教育費を負担してあげる方が喜ぶ顔を見ることができるでしょうし、必要な都度渡す教育費負担でよいと思います。

　ただ、真一さんのお子さんたちはまだまだ先まで教育費がかかりますので、もしもの時のリスクを考えるなら、限定されたこの期間に将来の教育費を一括で非課税贈与できるこの特例を検討されてはいかがでしょうか。

横浜久男さん　そうですね。洋子と真一の2人が賛成なら早速検討してみます。単にお金で渡すより、孫たちの将来のための負担をするのですから、私も贈与のし甲斐があります。

二女 洋子さん　お父様、税金がかからないのですから、真一の2人の子にはぜひ教育資金の一括贈与をしてあげてください。

長男 真一さん　ありがとう、姉さん。父さん、もしよろしければお願いします。子どもたちも大きくなってからも、とても喜ぶと思います。

晶子税理士　原則として、贈与者の死亡の日におけるこの教育資金管理契約における管理残額を、受贈者が贈与者から相続等により取得したとみなされ相続税が課税されます。ただし、受贈者が23歳未満である、あるいは在学中である場合などは課税されないことになっています。

　ところが令和5年4月1日以後の贈与から資産家に対する課税が強化され、その贈与者の死亡にかかる相続税の課税価格の合計額が5億円を超えるときは、23歳未満であっても在学中であっても、教育資金の管理残額に相続税が課税されることになりました。しかも、孫等の直系卑属である場合には相続税額の2割加算の対象となります。久男さんの課税価格の合計額は5億円を超えると思いますので、残念な

がらこの対象になると思います。久男さんの生存中に、すべて教育資金に使ってしまわれるのがベストな対応ではないでしょうか。

晶子税理士にもっと早く相談に来るべきでした。令和5年3月31日までに教育資金の一括贈与をしておけば、私に何かあっても教育資金残高に相続税がかからなかったと思うと少し残念です。でも、私が長生きして、孫たちが在学中に使ってしまえば税金がかからないから良しとします。

横浜久男さん

## 住宅取得資金の一括贈与の非課税特例

晶子税理士、他にも洋子一家や真一一家に非課税で贈与できる特例はありませんか。

横浜久男さん

晶子税理士

その年1月1日において18歳以上で、その年分の合計所得金額が2,000万円以下である居住者が、直系尊属から住宅取得等資金の贈与を受けて一定の新築住宅の取得等をした場合に、一定金額まで贈与税が非課税となる特例があります。養子縁組をしている場合の養親は、直系尊属に該当します。

あら。長女のさおりが東京の大学院にいっており、卒業してもその大学院に研究員で残ると言っているので、東京のマンションの購入を検討していたところです。いくらまで非課税でもらえるのですか。

二女 洋子さん

晶子税理士

贈与を受けた場合の非課税限度額は、省エネ、耐震又はバリアフリーの住宅については1,000万円、それ以外の住宅については500万円とされています。過去に、この非課税特例の適用を受けていた場合には、もう一度この特例の適用を受けることはできません。

| ① | 省エネ、耐震又はバリアフリーの住宅用家屋 | 1,000万円 |
|---|---|---|
| ② | 上記以外の住宅用家屋 | 500万円 |

省エネ基準とか、耐震又はバリアフリー基準とか、ややこしいね。これは買う時にしっかり確認しないといけないなあ。私はさおりの研究のために、非課税限度額まではぜひ援助してやりたいと思います。

横浜久男さん

晶子税理士

非課税限度額が拡大されている「省エネ、耐震又はバリアフリーの住宅用家屋」とは、お渡しした表の要件に適合する住宅用家屋をいい、贈与税の申告書にその証明書を添付しなければなりません。

| ① | 省エネ住宅<br>(新築の場合) | 断熱等性能等級5以上かつ一次エネルギー消費量等級6以上(ZEH水準)であること |
|---|---|---|
| ② | 耐震住宅 | 耐震等級(構造躯体の倒壊等防止)2以上もしくは免震建築物であること |
| ③ | バリアフリー住宅 | 高齢者等配慮対策等級(専用部分)3以上であること |

今度、さおりのために買おうとしているマンションは多分ZEH水準の証明書が付いているマンションだと思いますので、その基準によると1,000万円までは非課税でもらえると思いますが、他にも要件はありますか。

二女 洋子さん

晶子税理士

この非課税特例の適用を受けるためには、贈与を受けた資金の全額について、贈与を受けた年の翌年3月15日までに住宅の取得などに充当し、かつ、その住宅にさおりさんが居住することが必要です。その他の事由で居住していない場合でもあっても、遅滞なく(贈与の翌年12月31日までに)居住することが確実であると見込まれるときには適用が認められています。

居住要件は問題ないのですが、心配なのは、少し床面積が狭いことなんです。１ＤＫのシングル向けマンションでも大丈夫ですか。

二女 洋子さん

晶子税理士

　この非課税特例の適用要件は床面積が50m²以上240m²以下の住宅が対象であり、合計所得金額が2,000万円以下の受贈者に限ります。ただし、受贈者の合計所得金額が1,000万円以下である場合に限り、床面積の下限が40m²以上に引き下げられています。さおりさんは、まだ大学院生ですし、ほとんど収入がないでしょうから、40m²以上あれば大丈夫です。

　それはよかったです。確か床面積は45m²となっていましたから。
　完成が令和７年夏ごろの予定ですが、取得や居住について期限はどうなりますか。

二女 洋子さん

晶子税理士

　令和８年12月31日までの贈与に適用できますから、令和７年の引渡しの時に贈与を受けられて、翌年３月までに引っ越しを終えられるとよいでしょう。

　まるで、さおりのための特例みたいだな。さおりから相談を受けたら、1,000万円の非課税枠に1,000万円上乗せして贈与してあげたいと思うよ。

横浜久男さん

　父さん。それはいい考えだと思います。期間限定のこの非課税特例で、さおりにぜひ贈与してあげてください。

長男 真一さん

お父様、真一さん。本当にありがとうございます。さおりが知ったら、とても喜ぶと思います。

二女 洋子さん

## もっと遺留分を減少させる養子縁組

こんなふうに贈与を続けても、財産はまだまだ残るけれど、父さんが亡くなるまで真理子姉さんは帰ってこないと思います。

でも、父さんがいなくなってから遺留分を請求されたら、困ってしまいます。もっと、遺留分を減少させる方法はないのでしょうかね。

長男 真一さん

法定相続人を増やすという方法があります。

聡美弁護士

どんな方法でしょうか？ お父様には私たち以外に子どもはいないと思います。

二女 洋子さん

法律的に子を増やす方法です。つまり養子縁組をすれば、法定相続人は増えます。一般的には、相続人の配偶者や子、つまり孫を養子にされる方が多いです。

聡美弁護士

それは簡単な方法ですね。洋子の夫や真一の妻、そして孫たちが対象になるなあ。

横浜久男さん

二女 洋子さん: 我が家は遠慮しておきます。夫も子たちも名字が変わるのを嫌がりますから。真一の家族はどうですか。

長男 真一さん: 妻は名前も変わらないし生活も変わらないし、父さんと親子になれるから喜ぶのではないかな。子たちも名前も変わらないし、嫌がらないんじゃないかな。家族3人を養子縁組すれば、法定相続人が6人になるので、真理子姉さんの遺留分は12分の1になるしね。

晶子税理士: 確かに遺留分を減少させるためには養子は多いほうがいいのですが、相続税を計算するときには、実子がいる場合には何人養子がいても、税金計算上は1人分しか考慮しません。また、お孫さんが養子となり遺産を取得しても、2割加算となりますので、養子の数を2人以上に増やしても久男さんの相続税が安くなるわけではありません。

聡美弁護士: また、養子縁組して法定相続人になれば、遺留分の計算の時に、10年間の贈与が持ち戻されることになります。

長男 真一さん: 孫を養子にする方法は贈与して相続税対策をするには不向きですね。でも、遺留分対策には大きな効果があるから、難しい判断ですね。

晶子税理士: 相続税においても、相続時に財産を取得すれば、暦年課税の場合、相続開始前7年以内の贈与が持ち戻され無意味になってしまいます。

横浜久男さん: 遺留分のことを考えずに贈与することも考慮するならば、真一の妻のちほみさんだけを養子縁組したほうがいいんじゃないかな。そうすれば、孫たちには、相続直前まで贈与を続けられ、安い特例贈与の税率を使えるからね。

　相続税についての一代飛ばしの効果を狙うのではなく、遺留分対策と相続税の節税を考慮するなら、私もそのほうがよいと思います。お孫さんには相続で渡すより贈与で渡された方が、お互い嬉しいし、税金上もお得だと思います。

　ただし、洋子さんや真一さんなどの相続人への贈与に関して、このような原則10年間しか持ち戻さないという扱いは遺留分についてだけのものですから、遺言がなく法定相続で遺産分割協議等をする場合には、これまでどおり特別受益にあたれば年数制限なく持ち戻されることになってしまいます。久男さんの場合は、このような改正点からしても遺言を作成することが重要です。このように、民法と税法とは概念が大きく異なるためご注意ください。

　なるほど。遺産の半分までであれば孫だけでなく真一や洋子に贈与しても、私がそれから10年以上生きれば、相続税対策だけでなく相続の際の遺留分対策にもなるのですね。がんばって長生きしようと思います。それに贈与をするなら、株や不動産の場合は評価の低い時にした方がいいですよね。

　相続財産に持ち戻す際の価額についてですが、民法では生前に贈与した財産についても、相続時の時価で相続財産に持ち戻した上で法定相続分や遺留分の計算が決まります。よって、遺留分の計算上、相続人への10年以内の贈与等の場合は、生前贈与してもしなくても結果は原則一緒なのです。

　ところが、相続税法においては贈与時の課税価額で相続財産に持ち戻すことになっています。よって、税法では贈与時と相続発生時を比較し、贈与財産が値下がりしていればかえって将来の相続税が増加することになり、贈与財産が値上がりしていれば将来の相続税が減少することになります。まさに、相続税対策としての贈与の最重要ポイントは、値上がりが予想できるものか、収益を生むものを贈与することであり、民法の取扱いと大きく異なっているのです。

今までの説明を聞いて、単に贈与しても、遺言書を書いても、原則として遺留分の問題は片付かないことがわかりました。ただし、相続開始から10年以上前の贈与であれば、原則遺留分計算の際に戻さなくともよいのですから、早期の贈与と遺言作成がとても大切であることを認識しました。また、いかに賢く贈与するかで贈与税と相続税を合わせた納税額の合計額が大きく変わることも理解できました。

横浜久男さん

私たちも贈与の大切さと早期の実行が重要なのがわかりました。お父様と私たち家族と真一家族は仲良くしているのですから、遺言書を書いてもらって、真理子姉さんのことはもう忘れてしまいたいと思っています。

二女 洋子さん

晶子税理士からしっかり指南を受けて賢い贈与を実行してもらい、聡美弁護士に相談して、妻のちほみと父さんとの養子縁組をすすめたいと思います。

長男 真一さん

真理子に対する遺留分対策にも万全を期し、洋子家族と真一家族に公平に財産を承継させる方法を実行していくことを決めました。

横浜久男さん

## Point

① 遺留分対策は遺留分を侵さない範囲での贈与が有効
② 多額の贈与の場合には相続時精算課税制度を選択適用
③ 節税対策の場合には少額の長期間にわたる贈与を暦年課税で
④ 孫への贈与や教育資金の負担は遺留分と相続税を減少させる効果の高い方法
⑤ 非課税の教育資金や住宅取得資金の一括贈与は節税効果の高い贈与
⑥ 養子縁組による遺留分と節税対策のメリットとデメリットを確認

# 事例9 再婚と後継者への財産承継に皆が納得

## 仙台裕次郎さんの相談

　68歳の資産家である仙台裕次郎さんは、8年前に妻を亡くし、現在は1人暮らしです。最近、知り合った女性と意気投合し、2人で結婚を考えています。ところが、2人の子は裕次郎さんが亡くなってから相続でもめるのを避けたいとして、気持ちよく賛成してくれそうにありません。仙台裕次郎さんは、子たちも納得でき、再婚相手にも幸せになってもらえる方法について、長男、長女と一緒に晶子税理士と聡美弁護士に、どうしたらよいか相談することにしました。

## 仙台裕次郎さんとその家族の状況

　仙台裕次郎さんは、仙台市内に自宅と多数の貸地と貸家を所有する68歳の大地主です。裕次郎さんには長女の由美さん、長男の孝夫さんという2人の子がいますが、いずれの子も独立して仙台市内で家庭を構えています。裕次郎さん自身は8年前に妻を亡くした後は、自身が100％株主である不動産管理会社の社長をしており、何でも自分1人でこなしながら広大な庭のある趣のある自宅でひとりで楽しく元気に暮らしています。

　数年前から趣味としてガーデニングの会に所属していますが、その会で知り合った54歳の浅田瑠璃子さんと意気投合し、何度か食事をしたり、一緒に庭のガーデニングをしているうちに結婚を考えるようになりました。しかし、そのことを長女の由美さんと長男の孝夫さんに話すと、2人から反対を受けました。

　どうやら、子たちは裕次郎さんがその女性と再婚すると、裕次郎さんの相続に際し、その女性と遺産分けでもめることを心配しているようです。裕次郎さんは、子たちに祝福されて瑠璃子さんと結婚し、これからも楽しく皆と生きていきたいので、何とか子たちも納得してくれるような方法はないのかと思案しています。

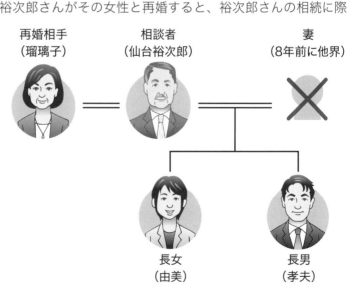

## 再婚に反対する子の不安

仙台裕次郎さん

　晶子税理士、この年になってもう一度人生を共にしたいという素敵な人と出会って本当に幸せなのですが、孫も非常にかわいいし、子どもたちともこれからも仲良く付き合い、仙台家を引き継いでいってほしいなと思っています。私が再婚しようと思っている瑠璃子さんは本当に素敵な人で、長女の由美も長男の孝夫もそれはわかっていると言うのですが快く祝福してくれず、かといってこれから結婚する相手に不快な思いもさせたくないので困っているのです。そこで、何が問題で、どうやったら由美や孝夫の不安を取り除けるのかを、２人と一緒に相談しにまいりました。

晶子税理士

　私は同じ女性として、60歳前になってこんなに大事に思ってくれる人に出会えて、瑠璃子さんは幸せな人だなと思います。
　由美さん、孝夫さん。ここにはこれまでずっと相談に乗ってまいりました私たちしかおりません。まずは、なぜお父様の再婚を祝福する気にはなれないのかをお話しいただけませんでしょうか。

長女 由美さん

　私たちはお父様が、瑠璃子さんと一緒に暮らしたいと考えていることには反対するつもりはありません。けれども、結婚するとなると、将来、お父様に万一のことがあった場合には、お父様の財産の半分は配偶者となる瑠璃子さんが相続することになりますよね。

聡美弁護士

　はい。民法では婚姻期間の長さや再婚であるかなどを問わず、子がいる場合の配偶者の法定相続分は２分の１となっております。

仙台裕次郎さん

　そりゃあ、結婚するのだから、私の財産を相続するのは当たり前だろう。私が亡くなれば彼女のその後の生活も保障する必要があるのだから、住む家を含め、私の財産をある程度相続するのはしょうがないと思っている。

長女 由美さん

　本音のところをお話しますと、その点が私たちが素直に祝福できない理由です。

長男 孝夫さん

　だって、父さんが亡くなった後、瑠璃子さんが父さんの財産を半分相続するのはまだいいよ。だけど、その後、瑠璃子さんがほかの男性と再婚したらどうなる？　瑠璃子さんが亡くなったら、仙台家から瑠璃子さんが相続した財産は、瑠璃子さんと再婚した男性が全部持っていくことになるんだよ。

仙台裕次郎さん

　いや、彼女もある程度の年齢だし、俺は元気いっぱいで長生きすると思うので、そんな歳になってから彼女はもう再婚はしないと思うけどな…。

晶子税理士

　瑠璃子さんにはお子様はいらっしゃらないのですか。

仙台裕次郎さん

　はい。瑠璃子さんも再婚なのですが、若くしてご主人が亡くなられたためお子さんはいらっしゃらないのです。もうご両親も亡くなられて、後はお兄さんと弟さんがいらっしゃるだけです。

長女 由美さん

　そうすると、お父様が亡くなった後、瑠璃子さんが再婚せず、独り身を貫いて亡くなったとしても、そのときは瑠璃子さんの相続人である兄弟やその子が、瑠璃子さんが受け取った仙台家の財産を全部取得してしまうわけでしょ。お父様と瑠璃子さんが協力して築いた財産で、瑠璃子さんと何十年も一緒に暮らした結果そうなるというのなら、私もそれでもいいかなと思うのですけれど。

そうだよ。父さんの財産の大半は仙台家代々の不動産であり、僕は仙台家をずっと承継していきたいと思っているので、あの幼いころから馴染んだ自宅や仙台家の財産の半分が瑠璃子さんの兄弟側に移るというのは納得できないんだ。やっぱり、そんなことは賛成できないよ。

## 相続放棄は生前にはできない

それなら、瑠璃子さんに対しては、私が死亡した後に生活していくためにある程度の財産を生前贈与しておき、それ以外は私の財産に対して一切相続の権利を主張しないという一筆を書いてもらうから、それならいいだろう。

聡美弁護士、そんな書類に法的な効力があるのですか。

何だったら、瑠璃子さんに念書を書いてもらって、実印を押して、印鑑証明まで付けてもらう。それならいいだろう。

いやあ、難しいですね。印鑑証明を付けていても、法律上は相続の権利を放棄するといった念書に効力はありません。

聡美弁護士。父さんの生きている間に一筆書いても、法律上は効力がないというのは、どういう意味なのですか。

**聡美弁護士**：相続の権利は、被相続人となる裕次郎さんが生きている時に約束しても効力がありません。だから、残念なことに実印をつこうが、印鑑証明を出そうが、その書面に効力は認められません。
どのような方法であっても生前の相続放棄はできないのです。

**長男 孝夫さん**：ほら。父さんの死後、そんなことでもめたくないので、結婚には反対するしかないよ。

**長女 由美さん**：私たちは、お父様が瑠璃子さんと一緒に暮らすことに反対しているわけではありません。ただ籍を入れてしまうと、今言ったような問題が起きるので、入籍だけはやめてくださいと言っているだけです。

**仙台裕次郎さん**：瑠璃子さんと一緒に暮らすのに、籍を入れないということは、瑠璃子さんにとっても辛いだろうし、自分が亡くなった後の生活の保証もなくなるのだから、やはり一緒に暮らす以上は籍を入れて、夫婦であることをはっきりさせたいと思う。
　ただ、由美や孝夫の言うことも理解できる。確かに孝夫の心配しているように、瑠璃子さん亡き後、仙台家の財産が浅田家のものになるのは、俺も嫌だな。晶子税理士、聡美弁護士。なにかいい方法はありませんか。

**晶子税理士**：確かに、悩ましい問題ですね。籍を入れたいという裕次郎さんのお気持ちはよくわかりますし、仙台家の財産の流出を心配される由美さんと孝夫さんのお気持ちも、もっともな面があるかもしれません。

**仙台裕次郎さん**：だから困ってます。どちらかが理不尽な話であれば、相手を説得すればよいのでしょうけど、私にはどちらが正しい理屈なのか判断できず、どうしていいのかわからないのです。

どちらの理屈も間違ってはいないのではないでしょうか。
　一緒に暮らす瑠璃子さんと籍を入れたいという裕次郎さんのお考えは間違ってはいないし、仙台家の財産を流出させたくないという由美さんと孝夫さんの考えも間違っているといって一蹴することもできないように思います。

　それなら、どうしようもないじゃありませんか。解決方法はないのですか？

　要するに、どちらも間違っていないとすると、籍を入れて、なおかつ、仙台家の財産は流出しないという方法を考えればよいということになりますね。

　そんなことができれば由美も孝夫も賛成してくれると思いますが、本当にできるのでしょうか。

　いくつかの方法がありますので、その方法について聡美弁護士にご説明してもらいましょう。

### 遺留分を生前に放棄する

　まず、1つ目の方法は、遺留分の生前放棄を活用することです。由美さんと孝夫さんは、裕次郎さんが瑠璃子さんと正式に婚姻届を出すと、裕次郎さんに万一のことがあった場合に、裕次郎さんの財産のうち、かなりの部分が最終的には浅田家に移転してしまうということを懸念しているということでしたね。

そうなんです。それがネックで僕たちは賛成できないのです。先祖代々の財産が血の繋がっていない家系に渡るのは納得できません。

それであれば、裕次郎さんが瑠璃子さんと正式に婚姻届を出したとしても、瑠璃子さんに仙台家の財産のかなりの部分が移転しないようにする法律的な方法があります。それは遺言と遺留分の生前放棄です。

そんな方法があるのですか。私、全く知りませんでした。詳しく教えていただけますか？

配偶者の法定相続分は、子と遺産を分けるときは2分の1ですから、瑠璃子さんは婚姻届出をすることにより、2分の1の法定相続分を有することになります。しかし、裕次郎さんは、瑠璃子さんの相続分を、瑠璃子さんの生活が保証される部分程度に遺言で変更することができるのです。

それなら、再婚したあとに遺言だけ作っておけば問題はなくなるのですか。それなら簡単にできます。

それだけでは十分とはいえません。民法では、遺言で相続人の相続分を指定しても、被相続人の兄弟姉妹以外の相続人には「遺留分」という、いわば遺言でも奪うことのできない相続人の最低限の取り分が認められています。ですから、瑠璃子さんも妻として入籍すれば、遺留分が認められています。

瑠璃子さんはそんな主張をしないと思いますが、もし請求された場合には妻の遺留分はどれくらいの割合なのですか。

仙台裕次郎さん

聡美弁護士

被相続人に配偶者と子がいる場合の遺留分は相続財産の2分の1です。つまり、相続財産の2分の1が遺留分を算定する対象財産となりますので、これに妻の本来の法定相続分の2分の1を掛けて、裕次郎さんの相続財産の4分の1が瑠璃子さんの遺留分となります。

仙台家の財産は80％以上が先祖伝来の不動産だから、4分の1といっても、それだけの金銭はないですね。確かに、孝夫が言うように瑠璃子さんに不動産を渡す訳にはいかないと思います。

仙台裕次郎さん

晶子税理士

そうですね。通常は、相続財産の4分の1程度は妻の生活保証として確保すべきだと思いますが、裕次郎さんの場合、相続財産の大半が仙台市内の自宅に始まって、多数の貸地や貸家とその敷地を含めた土地・建物ですから、預貯金や有価証券を集めても4分の1にはなりませんね。また、そんな金額、瑠璃子さんが長生きされても、一生かかっても使い切れない程の財産となってしまいます。由美さんと孝夫さんが懸念されているのもその点だと思います。

それに対して、何かいい方法があるのですか。何も、そんな金額を瑠璃子さんが望んでいるわけではないと思いますが、相続の権利は私が生きている間には放棄できないので、私が亡くなった後が心配だと由美や孝夫は言っているのですが。

仙台裕次郎さん

聡美弁護士

確かに相続権の放棄は被相続人の生きておられる間になされても無効です。ですが、遺留分の生前放棄は家庭裁判所の許可を得れば有効に行うことができるのです。民法の条文をお見せしましょう。

【民法1049条】

> （遺留分の放棄）
> 第1049条　相続の開始前における遺留分の放棄は、家庭裁判所の許可を受けたときに限り、その効力を生ずる。
> 2　共同相続人の一人のした遺留分の放棄は、他の各共同相続人の遺留分に影響を及ぼさない。

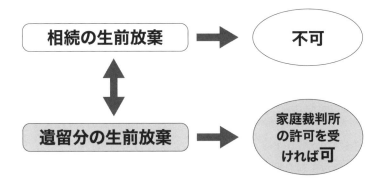

へ〜。そんな法律があるのですね。びっくりしました。生前に相続は放棄できないけど、遺留分は放棄できるんだ。

長男　孝夫さん

聡美弁護士

ご存じない方が多いようです。裕次郎さんのケースでは、瑠璃子さんに生活していくのに十分な財産を取得させることを遺言で明らかにすると同時に、それ以外の財産は裕次郎さんの子が相続する旨の遺言を残すことです。瑠璃子さんが取得する生活していくのに十分な財産の額は裕次郎さんの遺産総額からすると10分の1にも満たない割合だと思いますので、瑠璃子さんには、それ以上の遺留分をあらかじめ放棄することを家庭裁判所に申し立ててもらうのです。

遺留分の放棄は、瑠璃子さん本人が家庭裁判所にまで行ってするものなんだ。確かに、本人の確実な意思が必要ですね。

仙台裕次郎さん

そのとおりです。本人が本当にそう思っていることを、家庭裁判所が確認してその許可を受ければ、瑠璃子さんには裕次郎さんの死後に生活していくのに十分な財産を残してあげられると同時に、仙台家の不動産を中心とした大部分の財産は由美さんと孝夫さんが相続されることになります。これでしたら、由美さんと孝夫さんも安心して裕次郎さんと瑠璃子さんの結婚に賛成してくれるのではないでしょうか。

あら、その方法なら、生前に瑠璃子さんの気持ちも法的にはっきりすることができるし、みんな安心できると思います。

遺留分の放棄についてはよく考えてみたいと思います。瑠璃子さんに、このような話があるのだけれどどう思いますかと、一度打診してみます。

あれ。お父様、急に心配そうな顔になったけど、どうしたの。この方法を実行するには不安があるのですか。

仙台家にはいい方法だと思うけど、いくら生活していくのに十分な資産だといっても、プロポーズするときの条件に瑠璃子さんに家庭裁判所に行ってまで遺留分を放棄してくれと言ったら気を悪くしないだろうか。やはり、妻としての最低限である遺留分も十分に認められないということに不満を感じて結婚を断られるかもしれないと心配になってきたんだ。

もし、快い返事がもらえないときに備えて、ほかに、何かいい方法はないのでしょうか。

裕次郎さんからお聞きした瑠璃子さんのお人柄からすれば、そのようなことはないと思いますが、裕次郎さんの心配ももっともなので、聡美弁護士に他の方法についても教えてもらいましょう。

聡美弁護士：結婚後の瑠璃子さんが裕次郎さんの意思をくみ取り、遺言書で瑠璃子さんが裕次郎さんから相続した財産をすべて、由美さんと孝夫さんに遺すという方法もありますし、結婚した瑠璃子さんが由美さんと孝夫さんと養子縁組してしまえば瑠璃子さんの相続した財産は、やはりすべて由美さんと孝夫さんに引き継がれます。

晶子税理士：しかし、いずれにしても瑠璃子さんの意思で行われることですから、瑠璃子さんを信じきれない由美さんと孝夫さんは、再婚を祝福するという気持ちにはなれませんよね。人間関係は親子といえども難しいですね。

長女 由美さん：おっしゃるとおりです。父が生きている間は瑠璃子さんが私たちをぞんざいに扱うなどと考えていません。ただ、父がいなくなった後の瑠璃子さんとの関係に自信が持てないのです。

仙台裕次郎さん：他に何か、私の生前に法的に実現できる方法はありませんか。
私は由美や孝夫が大事だし、瑠璃子さんにも幸せを感じてほしいのです。皆が幸せになる方法をぜひ考えてください。

聡美弁護士：これら以外にも方法がないわけではありません。裕次郎さんに万一のことがあった場合には、妻である瑠璃子さんが本来の相続分に従って遺産の2分の1の財産に対する権利を取得するのですが、瑠璃子さんが死亡された場合には、瑠璃子さんが取得した裕次郎さんの財産は、今度は由美さんと孝夫さんに権利が移転するような仕組みを利用する方法があります。

## 信託制度の活用

仙台裕次郎さん

そんな方法があるのですか。私の相続だけではなく、私から相続した瑠璃子さんの相続についてまで、あらかじめ決めることができるのなら安心できます。その方法について知りたいです。

聡美弁護士

これまではあまり行われていなかったのですが、「信託」という方法を使うとそれが可能になります。信託法という法律は昔からあるのですが、改正が重ねられ今では、使い勝手がよくなりました。この信託制度を活用し、裕次郎さんが委託者として、瑠璃子さんに相続させたい財産について信託契約を締結しておくのです。その信託契約では、財産を預ける委託者である裕次郎さんが死亡したときに、瑠璃子さんがその信託財産からの利益をもらう受益者となることを定めておくのです。

委託者（裕次郎） ←信託契約→ 受託者 ←監視・監督権→ 受益者（瑠璃子）
信託目的の設定・財産の移転　　　信託利益の給付
管理・処分
・忠実義務
・分別管理義務
・善管注意義務など
信託財産

仙台裕次郎さん

非常に興味があります。その信託契約について、素人の私にもわかるようにどういう状態になるか教えてください。

聡美弁護士：この信託契約を締結すると、裕次郎さんが死亡された場合には、その信託契約を締結した財産は瑠璃子さんが受益者として、その財産から得られる利益を取得することができます。例えば、裕次郎さんの貸地の地代や貸家の家賃を受け取ることも、自宅を自由に使うこと（使用収益）も可能です。これにより、瑠璃子さんは、裕次郎さんの財産を相続したのと同じ状態になります。

仙台裕次郎さん：この方法なら瑠璃子さんは喜んでくれると思いますが、由美や孝夫がちょっと…。この２人が賛成してくれることが、これからの人生でとても大切だと思っています。

聡美弁護士：それはよくわかっています。この信託契約だけだと、由美さんと孝夫さんも納得できないと思いますが、信託法ではさらに受益者が死亡すると、その信託受益権が消滅して、他の者が新たな受益権を取得する定めが有効にできるのです。

長男 孝夫さん：それはどういうことなのか、今ひとつわからないのですが…。父さんに相談が発生すると、瑠璃子さんのものになるのでしょう。それがどうして私たちに戻るのですか。

聡美弁護士：要するに、受益者が死亡すると、順次、他の者が受益権を取得するということを、事前に決めておくことができるということです。
つまり、裕次郎さんが瑠璃子さんに財産を与えるために信託契約を締結して、その受益権を瑠璃子さんが取得するようにすれば、瑠璃子さんは信託契約を締結した財産のいわば所有者としての権利を行使することができます。これで瑠璃子さんは、名実ともに裕次郎さんの妻としての権利を行使して人生をまっとうすることができます。

長女 由美さん：ええ、そこまではわかります。最初の信託のお話と同様のことですね。その後に誰がもらうのかを信託契約で決めておくことができるということですか。

まさにそうです。その後、瑠璃子さんが亡くなられた後は、この受益権は瑠璃子さんの相続人が相続するのではなく、瑠璃子さんが有していた受益権自体は消滅して、あらかじめ裕次郎さんが指定していた者、例えば由美さんや孝夫さんが受益権を取得する旨を定めておけば、いったん瑠璃子さんに帰属していた裕次郎さんの財産が、瑠璃子さんが死亡することにより、再び仙台家に戻ってくることになるのです。

受益者連続型信託

信託設定から30年間は委託者の意思を反映して、
最初の受益者が死亡しても、その次に受益者が死亡しても
最初の委託者が、受益者を連続して選ぶことが可能！！

あげたい人に財産をあげられる究極の方法！

（例）

| ケース | 第一次の目的 | 第二次の目的 |
|---|---|---|
| ケースⅠ<br>夫婦に子供がいない場合 | 妻に財産を残す | 妻死亡後は自分の兄弟に財産を渡したい場合 |
| ケースⅡ<br>後妻との間に子供がいない場合 | 妻の生存中は妻に財産を残す | 妻死亡後は先妻の子供に財産を渡したい場合 |
| ケースⅢ<br>会社経営と事業承継の場合 | 長男に事業を承継させる | 長男死亡後は次男に事業承継させたい場合 |

なるほど！　これなら、妻となる瑠璃子さんも異存はないだろうし、瑠璃子さん死亡後の財産は仙台家に戻ってくるのだから、由美や孝夫も賛成してくれるんじゃないかな。

**聡美弁護士**：もっとも、信託で一番重要となるのは誰が受託者となるかです。受託者は、収益等は受益者に全部渡すのですが、不動産等の名義自体は受託者のものとなりますし、実際に信託財産の管理や運用を行わなければなりません。

**仙台裕次郎さん**：仙台家の不動産については、孝夫に実務を伝えていて、仙台家をきちんと承継できるように不動産管理の話をしています。私が元気なうちはアドバイスもできるので、不動産を承継する予定の孝夫ならこの受託者を十分務められると思います。

**聡美弁護士**：それは安心ですね。特に家族に受託者を任せる場合を家族信託といいます。今回のような遺言代わりになるような信託だけでなく、認知症になった場合に財産管理が十分にできなくなるリスクに備える手段としても注目されており、最近耳にする機会も多い単語ではないでしょうか。

**長女 由美さん**：確かに、家族信託という言葉は聞いたことがあります。そういう意味だったのですね。財産について、そういうことができるなんて思いもしませんでした。

**聡美弁護士**：十分な能力のある受託者がいる必要があるのはもちろん、法律上思わぬ理由で信託が終了してしまわないようにも注意する必要があります。

**仙台裕次郎さん**：受益者が生きている限り、終了しないと思っていたのですが、どんなときに想定外に信託が終了してしまうのでしょうか。

**聡美弁護士**: 終了させるつもりがないのに信託が法律上終了してしまうのは、①受託者＝受益者の状態が１年間継続したとき、②受託者が欠け、１年間新受託者が就任しないときのいずれかが多いと考えられます。

瑠璃子さんの後の受益者を孝夫さんと定めていて、瑠璃子さんの死後孝夫さんが受託者兼受益者となってしまったような場合が①、受託者である孝夫さんが事故等で急死してしまい受託者がいなくなってしまったような場合が②にあたります。

**仙台裕次郎さん**: 信託が終了してしまうのにそんな理由があるなんて驚きです。①を避けるためには瑠璃子さんの後の受益者については、孝夫を一代飛ばしして孝夫の子である孫の芳樹にしておく方がよさそうですね。

でも①はあらかじめ信託を設定するときに対処できても、②の急死なんて予想できるものでもありませんし、どうしたらいいのでしょう。

**聡美弁護士**: 当初の受託者が死亡したり、受託者の任務を果たせなくなった場合には次に誰を受託者にするかを信託契約で決めておくこともできます。また、どうしても受託者が不在になるのが不安なら、一般社団法人を設立しておいて、この法人に受託者になってもらう方法もあります。

**仙台裕次郎さん**: 社団法人ですか！　また難しい話になりそうですが、聡美弁護士や晶子税理士に相談したならば、いつものように解決してくれるということですか。

**晶子税理士**: そんなに信頼して頂いて嬉しいです。既に何件も実行しておりますので、家族信託や一般社団法人を考えられるときは、安心してお任せください。

**長男 孝夫さん**: それを聞いて安心しました。もし家族信託を実行する場合には、受託者をどうするか家族でよく話してみます。

## 受益者連続型信託の課税関係

聡美弁護士：今回利用されるであろう瑠璃子さんから孝夫さんや由美さんに財産を受益権として順次取得させる信託について話を戻します。専門的な言葉で戸惑われるかもしれませんが、このような信託を受益者連続型信託といい、受益者である瑠璃子さんの死亡により順次受益者が由美や孝夫さんに連続して行き、信託契約から30年を経過した時点以降に新たに受益者になったものが死亡するまで信託が継続するものです。

後継ぎ遺贈型信託ともいわれ、これにより財産を分散させることなく委託者である裕次郎さんの意思通りに順次継がせることができるのです。まさに、裕次郎さんの悩みの解決方法としては最適ですね。

長女 由美さん：でも、仮にこうした制度を活用した場合に、相続税がどうなるのかを確認しておかないと心配だわ。晶子税理士、税金の取扱いについて教えてください。

## 自益信託の課税関係

晶子税理士：まず、信託における税金の基本をご説明しましょう。

信託という制度は、税法上の原則は課税がパススルーとなっており、受託者には課税関係は発生しません。つまり、委託者から受託者に財産の移転があった場合、原則として譲渡となるのですが、受託者についてはパススルーされ、委託者から受益者に資産が移転したとみなされるのです。

長女 由美さん：受託者というのは何ら利益をもらわないのですから、贈与税も所得税もかからないということですね。税法はそのことをきちんと考慮して決めているなんて、なかなかわかってますね。

晶子税理士

　はい、そうです。よって、委託者＝受益者である自益信託においては、信託行為があった時に委託者Aさんに譲渡所得は課税されず、受託者Bさんにも何ら課税関係は生じません。ただし、委託者＝受益者であるAさんに相続が発生した場合には、信託受益権が相続財産とみなされ、契約により次の受益者となったCさんに相続税が課税されるのです。

長男 孝夫さん

　信託制度の課税関係はまるで通り抜けできる透明人間を受託者として創り出したと思えばいいのかな。

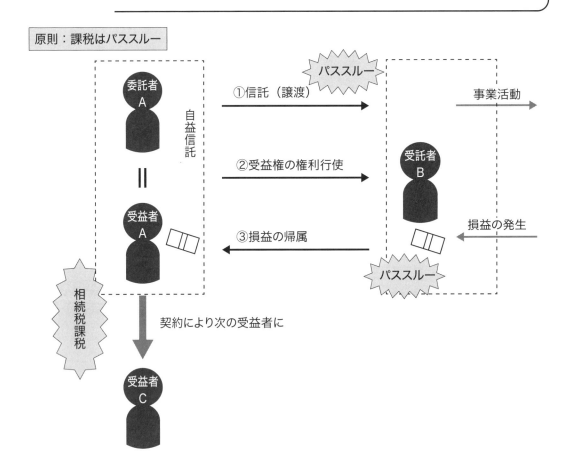

原則：課税はパススルー

## 他益信託の課税関係

晶子税理士

はい、まさにそうです。委託者から受託者に財産の移転があった場合、受託者についてはパススルーされ、委託者から受益者に資産が無償で移転したとみなされますので、委託者と受益者が異なる他益信託においては、信託行為があった時に委託者Aさんから受益者であるCさんに、信託受益権が贈与されたとみなされ贈与税が課税されます。その後の収益については、受益者Cさんに家賃や地代が発生したとして所得税が課税されます。

長男 孝夫さん

誰に財産を移したかでなく、そこから生ずる受益権が誰に帰属するかで課税関係が決まるんですね。なるほど。そういうことか。まさに、税金は実質課税だな。

信託財産の移転時は受益権に贈与税課税

財産の移転時は受益者に贈与税課税

委託者A → ①信託（譲渡）→ 受託者B → 事業活動

パススルー

②受益権の権利行使
（受託者の監視・監督を行う等の権利）

③損益の帰属

受益者C ← 損益の発生

パススルー

## 受益者等を変更した場合の課税関係

晶子税理士：今までご説明しましたように、委託者である裕次郎さんが財産を信託すると、信託財産が受託者に移転するとともに、課税上は信託行為があった時に、受益者である瑠璃子さんに、信託した財産の贈与があったものとみなされ、瑠璃子さんに贈与税が課税されます。

仙台裕次郎さん：それは困るな。預貯金をたいして持っていない瑠璃子さんには税金を払えないでしょう。それに私が生きている間は瑠璃子さんに移す必要はないと思いますが…。

晶子税理士：私もそう思います。よって、高い贈与税を避けて生前に信託を設定する場合には、まず信託の開始時点は委託者も受益者も裕次郎さんとする自益信託を設定すればよいのです。裕次郎さんが亡くなった時の次の受益者を配偶者である瑠璃子さんにする定めのある信託契約にします。そうすれば、生前中に贈与税はかかりません。

仙台裕次郎さん：なるほど。それはいい方法ですね。では、私に相続が発生した時はどのような課税関係になるのですか。信託でかえって相続税負担が増えるとしたら困ってしまいます。

晶子税理士：裕次郎さんの相続時に、受益者である裕次郎さんの死亡によりに契約に定められた配偶者である瑠璃子さんが次の受益者となった場合には、信託受益権を相続財産として、委託者である裕次郎さんから次の受益者となった配偶者である瑠璃子さんに遺贈があったものとみなされ相続税が課税されます。

ただし、瑠璃子さんは法定相続分である相続財産の2分の1までの取得の場合は、配偶者の税額軽減を適用でき相続税はかかりません。

受益者がAからCに変更があった場合、遺贈があったものとみなす

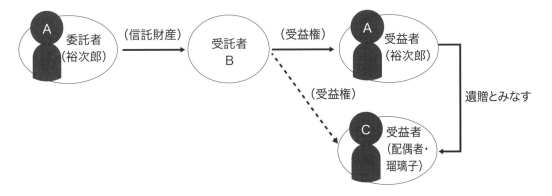

## 遺言信託の課税関係

仙台裕次郎さん: 私は2分の1も瑠璃子さんに遺すつもりはないので、瑠璃子さんは相続税もかからず安心ですね。ただ、私が生きている間は、自分の名義のままがいいとも思うので、私の死亡時に信託を開始する方法やその課税関係も教えてくれませんか。

聡美弁護士: 裕次郎さんが生前に信託行為を開始すると高い信託報酬がかかることもありますので、遺言で信託を設定することもできます。晶子税理士、この場合の課税関係はどうなりますか。

晶子税理士: 遺言による信託設定の場合は死亡に伴い財産が受託者に移転することになり、その信託契約で受益者を配偶者である瑠璃子さんと定めてあれば、瑠璃子さんが信託受益権を取得しますので、委託者である裕次郎さんから受益者である瑠璃子さんに信託受益権の遺贈があったものとみなされ相続税が課税されます。受益者を変更した場合の課税関係と全く一緒です。

【本来の遺言信託】

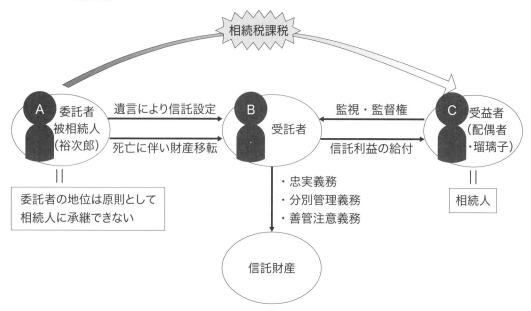

父の財産が瑠璃子さんに相続税のみで渡せるところまではよくわかりましたが、その後、瑠璃子さんが亡くなった後、どのようにして私たちが財産を承継していくのですか。

長男 孝夫さん

聡美弁護士

先ほど説明しましたように、遺言でも受益者連続信託として設定して、次、そしてその次と順次受益者を契約で定めておけば、受益者の死亡により、次から次へと受益者を引き継いでいくことになります。

次から次へと相続したように思えますが、具体的にどのような税金がかかるのでしょうか。私たちの税金負担が心配です。

長女 由美さん

晶子税理士

仙台家の場合においては、受益者Cである瑠璃子さんの死亡後、長男の孝夫さんを受益者Dと定め、孝夫さんの死亡後、孫の芳樹さんを受益者Eと定めた信託を設定していた場合の課税関係を説明します（184ページ参照）。

**長男 孝夫さん**

　父さんからもらうのだから、相続税だと思うのですが、もうすでに父さんはいないのにどのように課税するのでしょう。瑠璃子さんが亡くなった時の課税関係について説明してください。

**晶子税理士**

　そうです。本来は裕次郎さんからの相続として税金をとりたいのですが、裕次郎さんの相続税は完了しています。そこで、瑠璃子さんから孝夫さんが信託受益権を遺贈により取得したとみなされて相続税が課税されるのです。

**長男 孝夫さん**

　瑠璃子さんの意思とは関係なく、私に財産が移転しても瑠璃子さんからの相続税となるのか。では、次に、私が亡くなった時の課税関係について説明してください。

**晶子税理士**

　次に、孝夫さんが亡くなった時には、裕次郎さんから孫である芳樹さんが信託受益権を取得したことになるのですが、裕次郎さんはとっくに亡くなっているので、現行の相続税では対応できないことになります。そこで、孫の芳樹さんに対しては孝夫さんから遺贈により取得したものとみなして相続税が課税されるのです。

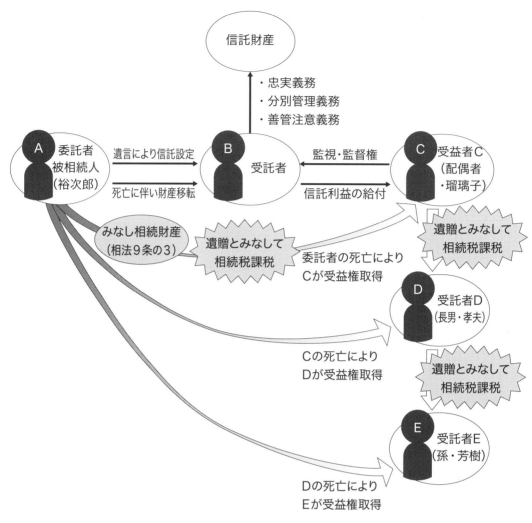

　今のお話だと、まず私の遺産を配偶者である瑠璃子さんが相続し、それについては瑠璃子さんが相続税を払う。もちろん配偶者なので税額軽減があるので実際には瑠璃子さんは支払わないのでしょうが、理屈としてはそうなるわけですね。

　次に瑠璃子さんの遺産を長男の孝夫が相続し、それについては孝夫が相続税を払う。最後に孝夫の遺産を孫の芳樹が相続し、それについては芳樹が相続税を払う。

　という普通の三代にわたる相続税の払い方とまったく同じことに思えるのですがどうなのでしょうか。

**晶子税理士**: まさしくそうなのです。受益者連続型信託を設定したとしても、三代にわたり死亡に伴い財産が移転するので、相続税の計算上は三代にわたり順次相続した時とまったく同じなのです。

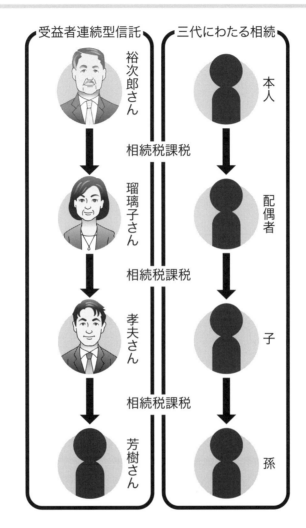

**三代先までの相続税も同じ取扱い**

**長女 由美さん**: 信託になればどんな課税関係になるのかと心配だったのですが、信託をしないで順次相続するのと、相続税ではまったく一緒なのですね。相続税が二重に課税されたり、大きく増えるのならば、税負担が大変だから嫌だなと思っていたのですが、同じならば非常に安心です。

この方法なら、これから一緒に暮らしてくれる瑠璃子さんにも喜んでもらえるし、由美や孝夫も瑠璃子さん亡き後は仙台家に財産が戻ってくるので納得してくれると思います。どうだい、由美、孝夫。

仙台裕次郎さん

もともと、再婚に反対だった訳ではなく、財産が仙台家から離散していくのが嫌だったのです。お父さんが仙台家の行く末をそこまで考えてくれての再婚ならば、賛成しますよ。

長男 孝夫さん

私もお父様がちゃんと私たちの意思も尊重してくれた上での再婚ならば、喜んで祝福させていただきます。瑠璃子さんが気に入らなかったわけではありませんから、きれいで優しい人みたいでよかったです。

長女 由美さん

2人ともありがとう。本当に嬉しいよ。

晶子税理士といい、聡美弁護士といい、こんなに親身になってくださり、それも普通の人では思いつかないような素晴らしい方法を教えてくださってとても嬉しかったです。早速、いずれかの方法で全員が幸せになるように頑張りたいと思います。

瑠璃子さんの合意を取り付けたら飛んでまいりますので、後は晶子税理士と聡美弁護士にもタッグを組んでいただいて、ぜひ実現にご協力ください。

仙台裕次郎さん

## Point

① 相続の生前放棄は、たとえ実印を押捺して印鑑証明書を交付したとしても無効
② 遺留分の生前放棄は家庭裁判所の許可を得て行えば有効
③ 受益者連続型信託により、財産を取得させた受益者（相続人）が死亡した場合に、その財産に関する受益権の次の取得者を定めておくことができる
④ 信託制度の課税関係は受託者はパススルーされ、課税関係は生じない
⑤ 他益信託では、信託設定時に委託者から受益者に贈与があったとみなされる
⑥ 受益者連続信託では受益者が元の受益者から、相続等があったとみなされ、相続税又は贈与税が課税される

# 事例 10 遺産分割で相続税は大きく異なる

## 埼玉ひろみさんの相談

先月お父さんを亡くした埼玉ひろみさんは3人姉妹の長女で、夫に養子にきてもらって両親と同居していましたが、夫婦2人で代々の農業を引き継いでいく予定で、妹たちも賛成してくれています。初盆に遺産分割の話をまとめたいのですが、遺産分割のやり方で相続税が大きく変わると言われ悩んでいます。申告期限までに遺産分割を完了しないと、農地の納税猶予や配偶者の税額軽減も受けられないと、いつも確定申告をお願いしている晶子税理士に教えてもらい、法律相談をしている聡美弁護士も含めて、ひろみさん夫婦と4人で相談することにしました。

## 埼玉ひろみさんの現在の状況

埼玉家は広大な農地を所有している大きな農家です。ひろみさんは3人姉妹の長女なので、25歳のときに結婚するに当たり、幼なじみの三男の健太郎さんが埼玉家に養子に入ってくれることになり、両親はとても喜びました。ところが先月3日に父親が心筋梗塞により75歳で急死してしまいました。直前まで元気だった上に、がんこな人だったので遺言書もありません。ここ10年の間に宅地開発が進み、所有している土地の価額が上昇しており、非常に高額な相続税となるようです。でも、代々の農家なので、それほど預貯金はなく、相続税を支払えるか心配です。相続人は70歳の母と48歳の同い年の自分たち夫婦と妹の春香と紗香の5人です。母親は昔から控え目な人であり、妹たちも農業の大変さを知っているので、他の相続人全員が相続については健太郎さん・ひろみさん夫婦に任せると言ってくれています。

ひろみさんは、晶子税理士に昨年〝財産の棚卸〟を依頼し、相続税を計算してもらいましたが、概算で8,000万円くらいと言われました。それを念頭に、遺産分割について夫婦で考えた結果を、晶子税理士と聡美弁護士に報告して検討してもらっています。

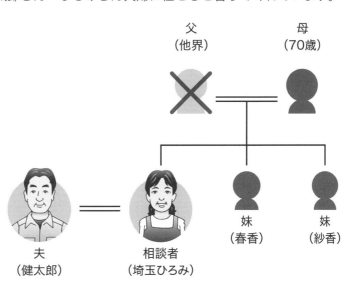

## 遺産分割の方法で相続税は変わる

**晶子税理士**：健太郎さん、ひろみさん、お父様が急逝され、何かと大変なことと思いますが、大丈夫ですか。

**埼玉ひろみさん**：晶子税理士、心配してくださってありがとうございます。書類を集めたり、手続に走り回ったり、体も心もなかなか休まる暇がありません。何とか、早く遺産分割も終え、相続税の納税も終えたいと思っていますので、くれぐれもよろしくお願いします。

**晶子税理士**：今まで数多くの相続税の申告を行ってきましたので、遺族の方々のご苦労がよくわかります。こちらも一生懸命お役に立つよう頑張りますので、埼玉さんも頑張ってくださいね。

　まだ、預貯金の流れや金融資産の相続財産の範囲は確定していないので概算となりますが、ご連絡いただいた遺産分割案で計算した相続税の総額は1億円くらいではないでしょうか。埼玉家の財産は、ほとんどが土地で、土地の評価は終わっていますので、そんなに大きなブレはないと思います。

**埼玉ひろみさん**：昨年教えてもらった相続税額は8,000万円くらいだったと思うのですが、何か間違っているのではないですか。相続税額が2,000万円も増えるなんてびっくりします。納税ができなくなるのではと心配です。

**晶子税理士**：ひろみさん、昨年の相続税額を計算した時は法定相続人が法定相続したとして計算していますし、路線価も昨年より20％以上、上昇しています。相続税額の負担が少しでも抑えられるように、面積の大きな土地を地積規模の大きな宅地として評価したり、角地の土地を2つに分ける予定で試算しておりました。よって、現在の遺産分割の方法によると相続税が増えざるを得ないのです。相続税を少なくしたいならば、分割の方法を考え直したほうがいいですね。

財産の分け方でそんなに相続税額が違うなんて知りませんでした。それならば、どう分けるべきか一から相談したいと思います。早めに相談してよかったです。遺産分割の印鑑をもらってからでは、やり直しはきかなかったでしょうからね。

埼玉ひろみさん

　本当だね。晶子税理士が遺産の分割の仕方は相続税に大きな影響があるから、私たちとよく相談してから決めてくださいねって四十九日のときに言われていたのは、こういうことだったんですね。相続人全員が私たちに遺産分割について任せてくれていますので、相続税法上有利となる遺産分割をしたいので、ぜひどうすればよいかご指導ください。

夫 健太郎さん

　では、まずお2人が考えられた遺産分割で、なぜ相続税額が増えたのかをご説明します。これはさまざまな特例が使えるかどうかで税額がずいぶん異なるからなのです。

晶子税理士

## 自宅の有利な分割の方法

　私たちは資産家といわれても、遺産にはお金はあまりありません。大半の財産は先祖伝来の土地ですが、こんな相続の場合の相続税法上の特例ってどんなものがあるのですか。

埼玉ひろみさん

　まず自宅の相続についてお話します。今回の分割案ではすべてお母様が相続することとなっています。自宅の敷地については配偶者や同居している親族が相続した場合には、330m²まで80％減額できる「小規模宅地等の特例」という制度があります。もし、配偶者で適用を受けた場合、次に配偶者が亡くなった時、初めて子がその適用を受けることになります。もともと配偶者は法定相続分までの財産の取得については相続税の税額軽減があり、相続税を払わなくてもよいのですから、この特例の適用を受ける必要がないといえるでしょう。
　埼玉さんのご自宅は200坪、約660m²ありますので、今回特例が使える面積の330m²はひろみさんか健太郎さんが相続し、お母様が

晶子税理士

残りの330m²を相続されるとよいでしょう。お母様の相続のときに330m²の全てがもう一度80％減額の特例の適用を受けられるからです。

そうか、80％減額される最高の相続税対策となる自宅の敷地は、相続税のかからないお義母さんが相続しても私たちの相続税はあまり減らないんだな。

夫 健太郎さん

【特例対象適用宅地等の主な要件】

被相続人の居住用、もしくは事業用に供していた家屋の敷地（宅地）の場合

特定居住用宅地等

| 取得者 | 取得者等ごとの要件（主なもの） |
|---|---|
| 1　被相続人の配偶者 | 「取得者ごとの要件」はありません。 |
| 2　被相続人の居住の用に供されていた一棟の建物に居住していた親族 | 相続開始の直前から相続税の申告期限まで引き続きその建物に居住し、かつ、その宅地等を相続開始時から相続税の申告期限まで有していること。 |
| 3　上記1及び2以外の親族 | 次の①から⑤の要件をすべて満たすこと。<br>①被相続人に配偶者がいないこと。<br>②相続開始の直前において被相続人の居住の用に供されていた家屋に居住していた被相続人の相続人がいないこと。<br>③相続開始前3年以内に日本国内にある取得者、取得者の配偶者、取得者の3親等内の親族又は取得者と特別の関係がある一定の法人が所有する家屋に居住したことがないこと。<br>④相続開始時に、取得者が居住している家屋を相続開始前のいずれの時においても所有していたことがないこと。<br>⑤その宅地等を相続開始時から相続税の申告期限まで有していること。 |

特定事業用宅地等（注）

①その宅地等の上で営まれていた被相続人の事業を相続税の申告期限までに引き継ぎ、かつ、その申告期限までその事業を営んでいること。
②その宅地等を相続税の申告期限まで有していること。

（注）宅地等が事業供用後3年以上経過していること（ただし、建物等の減価償却資産の価額が、その宅地等の相続時の価額の15％以上である場合は除きます。）

## 土地の相続の仕方で相続税額が変わる

晶子税理士

次に土地全般の評価の基本についてご説明します。

相続等によって取得した土地の評価は、被相続人が所有していた時の状態ではなく、相続等によって取得した土地ごとに評価することになります。1画地になるかどうかは一定の基準によって判断します。

夫 健太郎さん

私は土地は一筆ごとに評価すると思っていました。筆と違って画地で区分するなんてよくわかりません。

晶子税理士

例えば、次のような基準です。
① 宅地を居住用、事業用の2つの用途に利用していても、所有と利用を自ら行っている場合には1画地となる。
② 一団の宅地のうち、一部を貸地、残りを自己使用の場合にはそれぞれを1画地とする。
③ 普通借地又は定期借地で土地を複数貸している場合には、同一人に貸し付けられている部分ごとに1画地の宅地とする。
④ 貸家建付地を評価する場合において、貸家が複数棟あるときは、原則として、各棟の敷地ごとに1画地の宅地とする。

埼玉ひろみさん

わあ、いろいろあって、評価単位を決めるだけでも大変ですね。私たちが固定資産税の明細を見ながら概算で考えていたのとはずいぶん違いますね。

晶子税理士

さらに、登記している土地の1つの単位を1筆といいますが、同じ地目の2筆以上の土地が一体利用されていれば全体で一つの評価単位となりますし、その1筆の土地が2以上の利用形態であればその利用単位ごとの評価単位となるのです。土地の評価単位を判定するだけでも、相続税申告においては一苦労です。

夫婦でそんなことを考えずに、共有にしたりどちらかの名義にするなど適当に分割案を考えたのですが、私たちの相続の場合も、遺産分割の方法で土地の評価単位が変わることもあるのですか。

夫 健太郎さん

晶子税理士

例えば、800m²の緑1丁目にある土地ですが、健太郎さんとひろみさんが2分の1ずつ相続されることになっていますが、これは表通り（路線価20万円）と裏通り（路線価15万円）と路線価がかなり違いますので、当初の予定どおり、2つに分けてそれぞれが相続されると裏通りに面している土地は評価が30％も下がります。夫婦2人の使用する土地の財産価値の合計は同じかもしれませんが、評価は夫婦であっても取得者ごとにしますので、非常に有利なのです。

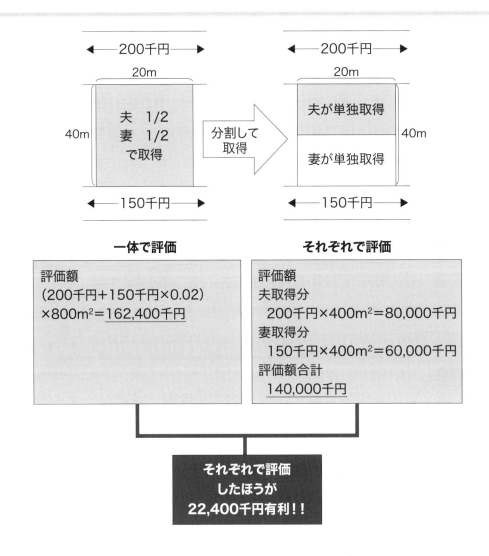

あら、分筆して別々に相続するだけでこんなに違うのですね。土地の相続税評価って本当に難しいです。これは私たち素人では無理だと思います。

本当にそうです。反対に緑2丁目の細長い2つの土地ですが、これは健太郎さんとひろみさんが別々に相続されるようになっていますよね。先ほど言ったように、宅地の評価は取得者ごとに評価しますので、一体の駐車場として利用していても別々に評価します。

Aの宅地は480m$^2$で、Bの宅地は450m$^2$となっており、別々に評価するとそれぞれが500m$^2$に満たないことになります。緑2丁目あたりは500m$^2$を超えると宅地開発するのに開発申請が要ります。開発申請した場合、道路づけのため宅地を道路に提供するなど、公共のために宅地の一部の提供を求められることがあります。そこで、相続税の財産評価基本通達によると三大都市圏では500m$^2$以上、それ以外の地域では1,000m$^2$以上の宅地については、「地積規模の大きな宅地」として、最低でも20％以上評価を引き下げることができるのです。

ああ、それで一区画の面積により評価が大きく異なるということがよくわかります。ここらあたりでも、500m$^2$以上の宅地を開発すると、様々な条件が付されますから、売る時も土地が大きいと坪あたりの単価が下がることもあります。

AとBの宅地を別々に評価すると500m$^2$以下で、地積規模の大きな宅地としては評価できませんが、いずれかおひとりが両方の宅地を相続すると500m$^2$を超えることになります。AとBを一体化して評価した場合、この宅地は500m$^2$を超えますので、地積規模の大きな宅地として評価が20％以上減額されると思います。

どちらか1人が相続するのではなく、どちらをも2人で共有で相続するのも1つの方法です。いずれにせよ結果として20％以上評価が下がります。

## 【「地積規模の大きな宅地の評価」の計算方法】

　「地積規模の大きな宅地の評価」は、その土地の面している路線に付されている路線価に側方加算・二方加算・三方四方加算・奥行価格補正・不整形地補正（補正率の上限は0.6）等を行って計算したその土地の評価額に、次の算式で計算した規模格差補正率を乗じて計算します。

　なお、無道路地の場合には、「規模格差補正率」を乗じた後の価額の100分の40の範囲内で補正します。

●規模格差補正率の算式

$$規模格差補正率 = \frac{Ⓐ \times Ⓑ + Ⓒ}{地積規模の大きな宅地の地積（Ⓐ）} \times 0.8$$

（注）小数第2位未満切り捨て

**三大都市圏に所在する宅地**

| 地積 | Ⓑ | Ⓒ |
|---|---|---|
| 500m²以上1,000m²未満 | 0.95 | 25 |
| 1,000m²以上3,000m²未満 | 0.90 | 75 |
| 3,000m²以上5,000m²未満 | 0.85 | 225 |
| 5,000m²以上 | 0.80 | 475 |

**三大都市圏以外に所在する宅地**

| 地積 | Ⓑ | Ⓒ |
|---|---|---|
| 1,000m²以上3,000m²未満 | 0.90 | 100 |
| 3,000m²以上5,000m²未満 | 0.85 | 250 |
| 5,000m²以上 | 0.80 | 500 |

（注）市街地農地等の評価における「宅地であるとした場合の1m²当たりの価格」についても同様に評価します。なお、農地を評価する場合、「宅地であるとした場合の1m²当たりの価格」を計算する際に造成費として土盛費、整地費、擁壁費などを控除することができます。

夫 健太郎さん

　別々に相続したら評価が下がるとか、反対に共有で一体利用すれば評価が下がるなど、私たちにとって思わぬ評価方法なので、驚いています。次から次へとお話しいただく遺産分割の内容に、戸惑うばかりですので、きちんと理解したいと思います。

晶子税理士

　実は、土地を分割して複数の相続人が取得する場合、まず土地を分筆してそれぞれを別々の地番の土地として登記した上で、各相続人が取得することになります。原則として、分筆の際には隣地との境界確認、測量等が必要とされるため、相当な費用がかかるのです。将来の相続に備え、評価引下げ対策と争いのない分割をするための準備として、被相続人が元気なうちに分筆しておけば、これらにかかる費用が相続税の課税対象から除外されることになります。お父様には申し上

げていたのですが、費用がかかるからそのうちにするよと話されていたのですが、亡くなられてしまい間に合いませんでした。

そうそう。父はお金のかかることは何でも後回しにする人だったから、晶子税理士、気にしないでください。でも、事前準備によって大きく税額が異なるんだから、私たちはよく考えて分割しますから、よろしくお願いします。

## 農地は評価区分によって相続税評価額が異なる

気を遣ってくださり、ありがとうございます。難しい話が続きますが、今は遺産分割のために概要を話しているだけですから、あらましをご理解いただければ十分です。では、埼玉家はこれからも農業を続けていくとお伺いしていますが、誰が農業を続けていかれるのですか。

もちろん、私とひろみです。農業なんて非常に体力が要り、天候にも左右される上、単価の低い仕事なので、広い土地がないと採算なんて合いませんからね。

なるほど、それで市街化農地の大半について特定生産緑地を選択されているのですね。特定生産緑地を選択されている農地の場合、農業従事者が相続によりその農地を取得すれば、その農地については相続税の納税猶予制度が適用され非常に低い相続税評価額となるため、ほとんど相続税がかからないといっても過言ではないでしょう。

まあ、農地に高い相続税がかかれば農業は続けられませんからね。ただ、父は特定生産緑地以外にも市街化農地を持っていたように思いますがその土地にかかる相続税はどうなるのでしょうか。

**晶子税理士**：埼玉さんの農地は川口市にあり三大都市圏の市街化区域農地となっています。よって、特定生産緑地指定されていない市街化農地は農業を継続しても相続税の納税猶予を受けることができないため、非常に相続税負担の大きい土地になってしまいます。お父様には農業を続けるなら特定生産緑地を選択するようお勧めしたのですが、この農地は立地条件がいいので有効活用して収益を得るつもりですと言われて選択されなかったのです。よって、今回の相続では宅地並みの評価となり、相続税評価額が高いのです。

**埼玉ひろみさん**：父がそんなことをいっていたのですか。知りませんでした。
相続税評価も高いし、固定資産税も高いし、農業には不向きな土地ですから、それならば生前に有効活用して相続税対策をしておいてほしかったです。

**晶子税理士**：そうですね。これらの農地はお母様に相続いただいて、農業をするのではなく有効利用などをすることにより。お母様の相続に備えて、評価引下げと収益確保に役立てることをお勧めします。

## 売却予定土地の相続は配偶者を避ける

**夫 健太郎さん**：ただ、もし、相続税について延納を選択してもなお納税ができない場合には、やむを得ずこの土地を売却する可能性もあります。それでも、母が相続した方がよいのでしょうか。

**晶子税理士**：もし3年以内にこの農地を売却するつもりでしたら、お母様が相続するのはやめてください。相続した土地を相続税の申告期限から3年以内に売却した場合、譲渡所得を計算するときに相続税額のうち、その人の課税価格に占める譲渡した土地の課税価格の割合部分を土地の取得費に加算できる特例があるからです。この特例の活用により、埼玉さんのような大地主さんの場合は相続税の負担割合が大きいので、譲渡した土地に対する相続税部分が譲渡益から控除され、相続税相当額に係る20％部分の税金が無税となるからです。ただし、お母様は

配偶者の税額軽減で相続税を払ってらっしゃらないため、この特例は受けられませんので、売却予定の土地はお母様が相続されないようにしてください。

埼玉ひろみさん

わかりました。もう一度遺産分割をきちんと考え直して、納税額を確定した上で、この土地の売却について考えてみます。その上で、売却する予定の土地を母が相続する分割はやめます。

晶子税理士

遺産分割案を見ていて気付いたのですが、生産緑地の何筆かを静岡市に嫁がれた春香さんが相続されるようなのですが、どうしてですか。

埼玉ひろみさん

実は春香は土いじりが好きで、自分の農地を持ちたがっているのです。母に会いに来るたびに農業を手伝ってくれていますし、少しは農地を相続させてやりたいという母からの申し出なのです。実際は私たちが農業を続け、たまに春香が手伝うだけで済みますので、農地として維持していくことができると思います。

晶子税理士

お母様や春香さんのお気持ちはよくわかりますが、相続税の納税猶予制度の適用を受けることができるのは、原則として、農地所有者が自ら耕作することが要件なのです。静岡に住んでおられる春香さんは農業従事者としては認められませんので、春香さんは相続税の納税猶予は受けられません。そうなれば生産緑地という強固な縛りがあるのに、春香さんは宅地並みの相続税や固定資産税を払うことになり、将来もし手放そうと思っても、簡単に売却することもできません。春香さんにとってはかえって負担ばかり増えることになります。

## 納税猶予の適用は農業従事が要件

埼玉ひろみさん

　そのお話を聞くとやっぱり考え直さなくてはと思います。その土地は私たち夫婦が相続して、遊びに来た春香が農業を手伝うということになれば相続税の納税猶予の適用を受けることができるのですか。

晶子税理士

　ええ、そうです。春香さんにとって、土いじりを楽しむことができる実家と思ってもらえばよいのではないでしょうか。

夫 健太郎さん

　春香ではなく私たちが相続して農地の納税猶予の適用を受けることにより、相続した人全員の相続税が安くなるのですか。

晶子税理士

　そうです。春香さんに分割する農地は先ほど話題になったその他の市街化農地にすれば、相続税評価額は同じであるにもかかわらず、農地の将来を自由に選択できるのです。春香さんにとっても有利で喜ばれる方法だと思います。

埼玉ひろみさん

　固定資産税が安いからといって、安易に決めてはいけませんね。私たちが納税猶予を選べば妹たちの相続税も安くなるのだから、よく考えないと。春香にもう一度、きちんと説明してから決めます。

**【相続税の納税猶予適用要件の概要】**

| 誰から？ | 死亡の日まで、農業を営んでいた個人 |
|---|---|
| いつ？ | 申告期限内に取得 |
| 誰が？ | 申告期限までに農業経営を開始する相続人 |
| 何を？ | ① 調整区域農地<br>② 三大都市圏の特定市の市街化区域にあるもの以外の農地<br>③ 生産緑地（都市営農農地等） |
| どうする？ | ① 期限内申告書の提出<br>② 担保の提供 |

（出典：今仲清 著『新農地法で変わる！農地の納税猶予制度とこれからの農地承継』ぎょうせい）

## 終身営農を選択するかが納税猶予の選択の鍵

晶子税理士：お２人で農業を続けるとのお話ですが、先程のお話をお伺いして少し心配になったのですが、農業を途中でやめるなどということはありませんか。

夫 健太郎さん：大丈夫だと思います。ただ、これだけ広いと全部の農業経営を継続するのが無理で、将来的には少し耕作地を狭めるかもしれません。

晶子税理士：ちょっと待ってください。三大都市圏の特定生産緑地の相続税の納税猶予制度というのは終身営農が要件です。もし、途中で営農しなくなったり、生産緑地の買取申出を行った場合、納税猶予の期限が確定し、相続当初の納税猶予額に原則として3.6％、今は特例による利子税率として0.4％の利息を付けて払わなければなりませんので、終身営農するのかどうかをよく考えてから選択してください。

特定生産緑地の指定は10年で、それが解除されたら農業をやめても、今さら相続税を払えなんて言われないと思っていました。10年は農業を続けるから相続税が安くなる納税猶予を選択するつもりだったのですが、終身農業を選択しなければならないといわれると全部納税猶予を選択するかどうかを考え直す必要があるかもしれません。

 夫 健太郎さん

 晶子税理士

　今の相続税が安くなるからといって、安易に相続税の納税猶予を選択すると、農業ができなくなって遊休農地とみなされ納税猶予取消の通知を受けたり、買取の申出をする羽目になった場合、莫大な税金を後から払う可能性もあります。まあ、農地の評価額が高くなっている場合には心配はいらないかもしれませんが、売却しない場合は納税できないということも起こりえます。慎重に判断してください。

　はい。目先の相続税にとらわれることなく、一生農業を続けていく予定の農地をひろみと真剣に考えて、納税猶予をどの土地で受けるか判断することにします。

 夫 健太郎さん

【都市計画区域と農地の納税猶予】

Ⓐ
市街化調整区域
未線引き区域（白地区域）　　　　　　　　　終身営農
都市計画区域以外

　　Ⓑ　市街化区域　20年営農による免除規定あり
　　　Ⓒ　三大都市圏の特定市の市街化区域
　　　　Ⓓ　都市営農農地等（終身営農）

▢　農地の納税猶予を受けることのできない区域

（出典：今仲 清 著「新農地法で変わる！農地の納税猶予制度とこれからの農地承継」ぎょうせい）一部加工

**【農地についての贈与税の納税猶予制度の概要】**

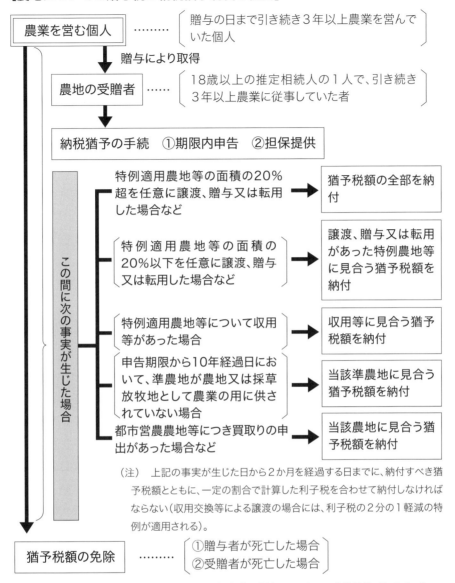

(出典：今仲 清 著「新農地法で変わる！農地の納税猶予制度とこれからの農地承継」ぎょうせい)

## 配偶者は法定相続分まで相続税がかからない

晶子税理士

お母様の相続される割合が法定相続分に到底満たないのですが、お母様は今回、あまり相続されないのですか。

ええ、自分はそんなに財産をもらっても使い道がないからということで、その分私たち夫婦が相続するようにと言ってくれましたので、そうしました。

優しいお母様の気持ちはよくわかりますが、今回の相続税のことだけを考えると、お母様には法定相続分として全財産の2分の1を相続いただくのが、一番相続税が安くなるポイントです。なぜなら、配偶者の場合、法定相続分まで、もしくは1億6,000万円までなら税額が軽減されて相続税がかからないからです。

埼玉家の課税遺産額は6億円くらいありますので、2分の1といえば約3億円というところでしょうか。でも、今度母が亡くなった場合、また相続税がかかるので一緒ではないのでしょうか。

お母様の生存中に何の対策もしなかったらそうなるか、又はかえって相続税が増えるかもしれません。ただ、お母様は健康でまだまだ10年以上長生きしていただけそうなので、納税猶予を選ばない農地に賃貸物件を建設する、子や孫に少額を毎年贈与を続けるなど、これからいろいろ相続税対策をしていただければ、二次相続にかかる相続税はずいぶん安くなると思いますよ。

なるほど。では母にはなるべく2分の1に近くなるまで財産を相続してもらおうと思います。その後の、2次相続税対策としては具体的にはどうすればよいのでしょうか。

シンプルでベストな方法がご家族に低い税率の贈与を続けていくことです。お母様には、義理の息子の健太郎さんを含めて4人の子と6人のお孫さんがおられます。例えば、300万円ずつ子や孫に毎年贈与すると19万円の贈与税で済みます。300万円×10人×10年＝3億円の財産が家族に移転し、贈与税の合計額は19万円×10人×10年＝1,900万円となり、平均税率が6.3％と相続税に比較すると大きな節税となります。

また、思いきって相続された市街化農地を造成し、借入金等によりその土地にあった有効活用をして賃貸経営をすれば、もっと大きく相続税が減少することもあります。ただし、借入をするときは事業の収支を十分検討して、借入金が返せないなどの苦労を背負うことのないよう注意してください。

**【配偶者の税額軽減額の計算式】**

$$\text{相続税の総額} \times \frac{\text{次の①又は②のうちいずれか少ない方の金額}}{\text{課税価格の合計額}} = \text{配偶者の税額軽減額}$$

① 課税価格の合計額のうち配偶者の法定相続分相当額
（1億6千万円に満たない場合には1億6千万円）
② 配偶者の実際に取得した正味遺産額

（注）この場合の「配偶者の法定相続分」は、相続の放棄があった場合でも、その放棄がなかったものとした場合における相続分をいいます。

夫 健太郎さん

　相続税を考慮した遺産分割についていろいろ話を聞き、目からうろこが落ちたような気がしました。もう一度原点に返って、遺産分割をどのようにするか、初盆の時に皆とよく話し合ってみようと思います。

埼玉ひろみさん

　目先の税金ばかり考えるのではなく、先々のことまで考えて遺産分割することが家を守るということだとわかりました。賢く頭を使って、妹たちが気持ちよく帰省できる埼玉家をしっかり守っていきたいです。

## 遺産分割は相続税を考慮する

晶子税理士

　たしか、お2人の親戚に弁護士さんがおられて、遺産分割については何かと相談に乗ってもらっているとおっしゃっていたので、今まで遺産分割に関する法的アドバイスは何もしておりませんが、相続税と遺産分割の関係については何かおっしゃいませんでしたか。

夫 健太郎さん

　私たちがどう考えているのかを確認していただき、それに沿うよう遺産分割をすすめてくださっていましたが、相続税については何もアドバイスを受けていません。

晶子税理士

　今日は聡美弁護士が同席しておりますので、聞いてみたいのですが、相続税のことや今後の相続税対策も考えた遺産分割を考えなければ、依頼者の本当の願いを形にすることは難しいのではないでしょうか。

聡美弁護士

　税理士もそうですが、弁護士も相続に関する事件を多数てがけてくると、今まで見えていなかったものが見えてくるようになります。相続というと、遺産分割だ、相続税だ、と言われますが、一番重要なことは、相続人の方にあまり過大な資金負担がかからず、相続してよかったと思ってもらえるような相続を実現することだと私は思います。

埼玉ひろみさん

　そういう意味では、うちのケースでは、私たち以外はお任せだから、あまり遺産争いを意識しないでよく、相続税を中心に考えた方がよかったのかもしれませんね。

聡美弁護士

　相続人の負担という面からすると、無視できないのは相続税の問題です。遺産の分け方によって、相続税額が異なることは厳然たる事実なのですから、可能な限り、相続税が高額にならないような配慮と工夫をすることは遺産分割のアドバイスをするには必要不可欠だと思います。
　ただ、税金はあまりにも複雑で、ケースごとに違っているので争わない遺産分割をどうするかの相談の場合には、なかなか税金を考慮した説明までできないかもしれませんね。

晶子税理士

　そうであるならば、資産家は相続に強いプロにタッグを組んでもらって、法律と税金の両面をクリアした遺産分割ができるよう考えておかないとならないのですから、大変ですね。

夫 健太郎さん

　私たちには晶子税理士と聡美弁護士が付いているから安心しています。今日のお話をきちんと理解して、もう一度遺産分割について考え直してみます。

埼玉ひろみさん

　今度の遺産分割案を持ってくるときは、母も妹たちも相続人全員で参りますから、税金面も法律面もよろしくお願いします。

## Point

① 複数の道路に面している宅地は分筆して取得者が異なったほうが評価が低くなることがある

② 地積規模の大きな宅地の評価減の適用を受けることができるよう遺産分割を考慮する

③ 誰が相続すれば小規模宅地等の特例の適用を受けられ、有利になるのか考慮して遺産分割する

④ 農業従事者でないと農地の納税猶予の適用を受けられず、終身営農をする覚悟がある農地についてのみ納税猶予の適用を受ける

⑤ 売却予定地は配偶者以外の者が相続する遺産分割を考える

⑥ 配偶者の税額軽減を最大限活用して、その後、二次相続税の対策をするのも有効な遺産分割である

# 事例11 親子同居で小規模宅地等の特例を活用する

## 文京浩平さんの相談

　文京浩平さん夫婦は二世帯住宅を建て、孫も含めた長男の英介さん一家と親子三世代で仲良く暮らしています。浩平さんには他に久雄さんという二男がおり法定相続人は妻と英介・久雄の計3人です。浩平さんは自分が亡き後も、妻の晴美さんが長男の英介さん一家と仲良く暮らしていくと思ってはいても、大丈夫かなという不安と、都内の一等地に大きな自宅があるため相続税評価額が高く相続税の納税が大変だと案じています。そこで、浩平さんは妻の晴美さん、長男の英介さんと一緒に晶子税理士と聡美弁護士に、どのような生前準備が必要かを相談することにしました。

## 文京浩平さんと家族の概況

　72歳の文京浩平さんは65歳の妻の晴美さんと1階に、長男の英介さんとその妻の美紀さん、孫の淳君、美奈さんが2階に住んでいる二世帯住宅を、親から相続した文京区の100坪の大きな宅地に建てています。二男の久雄さんはスイス人と結婚しジュネーブに住んでおり、両親や家のことはお兄さん一家に任せるかわりに遺産は何もいらないと言っています。孫の教育方針について晴美さんが嫁の美紀さんにたまに苦言を呈する他は、英介さん一家と仲良く暮らしています。ただ、自分の死後の家族仲や、高額な評価の大きな自宅に係る相続税と固定資産税の納税については少し心配があります。

　相続税の最大の減税ポイントである小規模宅地等の特例や「配偶者居住権」制度を活用して、万が一配偶者の晴美さんが英介さん一家と不仲になったとしても晴美さんの老後の生活保障を図りながら相続税額の圧縮も図ることができないか、また孫にも財産を遺せる方法がないかを検討したいと思っています。

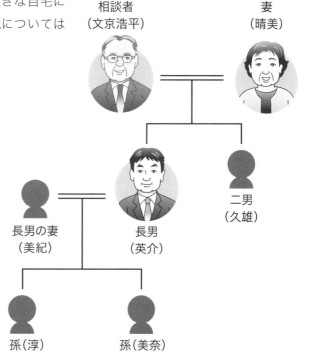

## 小規模宅地等の特例の賢い活用法

文京浩平さん

　私たちは二世帯住宅とはいえ、東京では今どき珍しい大家族で仲良く暮らしているので、とても幸せです。妻と長男英介も仲が良く私亡き後も安心だと思っているのですが、もし英介が妻より先に亡くなった後、妻の晴美と嫁の美紀が不仲になることも考えられます。でも、相続税対策を考えるなら、広い敷地の居住用不動産をすべて妻に残すのも効率が悪いと聞いたことがあるのですが、どのように考えればよいでしょうか。

晶子税理士

　晴美さんが自宅の土地・建物のすべてを相続されるのは、相続税の節税から考えればお勧めできません。晴美さんが居住用不動産をすべて相続し小規模宅地等の特例の適用を受けた場合、せっかくの80％減額特例を子である英介さんが適用できないので相続税の節税効果が薄くなります。

　将来、晴美さんが自宅に住めないリスクを全くなくしたいと浩平さんが思われた場合でも、ご自宅のすべてを配偶者に遺さずとも、所有者が亡きあとの配偶者の居住権を守る「配偶者居住権」という制度がありますので、それを活用されてはいかがでしょうか。今日同席してもらっている聡美弁護士にその制度を説明してもらいましょう。

聡美弁護士

　令和元年に施行された民法改正は配偶者保護が重視されており、その最たるものが「配偶者居住権」という制度です。この配偶者居住権を知るためには、まず相続の原則に立ち戻らなければなりません。

　物を所有する、又は権利を取得できるのは生きている人間（自然人）か法人だけであるというルールがあります。このため、日本の民法では、相続が開始した瞬間に、亡くなった方の全財産について法定相続人が法定相続している状態になるのです。これが遺言のない場合の相続の大原則となります。

　つまり、相続が開始した瞬間に、被相続人の財産、例えば土地、建物、預貯金、有価証券等はすべて法定相続人全員で共有していることになります。

　ただ、共有という状態は使いにくく処分も大変であるため、各自が自由に使えるように遺産を分け直すことが一般的です。この手続が遺産分割です。遺産分割が終わるまで、遺産については全員共有状態で

あるため、自分以外の人の持分をそれぞれが借りて使っているような状態ということができます。

長男 英介さん

　遺産分割する前の段階では、相続財産は相続人みんなの共有になっているというわけですね。まだ分けてないから父さんのものなんだと思っていた私には、非常に複雑なことに思えますが……。

聡美弁護士

　はい。亡くなった方の配偶者が生前から同居しており、遺産分割完了までそのままその自宅の使用を続けているというケースは頻繁に見られます。一般的な感覚とは異なりますが、理論的には、遺産分割が終わるまで全員が共有している建物を1人だけで使っているのですから、共有者間に不公平が生じるという見方もあるのです。この見方に立つと、継続して居住している配偶者は、相続開始時から遺産分割完了までの共有の期間に、自分だけが使用している利益を、その建物に住んでない他の相続人に分配すべきだという主張をすることもできるという考え方です。

　この考え方に立つと、使用利益を分配しろ、要するに、家賃とは言わないまでも、遺産分割のときにいくらかの追加を考慮してほしいという話になりますが、感覚としては、これはちょっと配偶者にとっては理不尽だと感じられると思います。

晶子税理士

　私の感覚としても信じられない話です。親に対する感謝や義理人情をも欠くことになり、そこまで日本は廃れてしまったのでしょうか。嘆かわしい限りです。

聡美弁護士

　そのような主張が、実際によくあるというわけではありません。ただ様々な親族構成があるため、昔よりは相続紛争が増えていることも事実です。したがって、法律上は使用利益についての解釈の余地があるので、それを防いでおきましょうということです。

**晶子税理士**

それならわかります。この頃は様々な親族関係がありますので、現代の時代の流れのもとでは有用な法改正でしょうね。

ただ、遺産分割について、私たち税理士は納税者の方が勘違いされるような説明をしてしまうことがよくあります。どういうことかというと、税法上の言葉に未分割申告という言い方があり、「財産をまだ分けていないから、つまり未分割だから誰のものでもないので、一旦法定相続人が法定相続分で取得したものとして申告します。」という説明をしてしまうのです。それで、納税者の方は英介さんのように、財産は亡くなった被相続人のものであるままだと思ってしまうようです。

**文京浩平さん**

いや、私もそう思っていました。そうすると、私が亡くなった瞬間に、どの不動産もどの預貯金の権利も、配偶者の晴美が2分の1、長男の英介が4分の1、二男の久雄が4分の1ずつ持ち、共有という形になるわけですね。私が亡くなったあと、例えば晴美が1人で遺産の一部である建物に住んでいる場合には、法律上の配偶者の権利はその建物の2分の1しかなく、英介と久雄が残りの4分の1ずつ持っていることになり、英介と久雄が母である晴美に「家賃相当額を払え」といってくる可能性があるという考え方ですか。私にはそんなことは考えられません。

**妻 晴美さん**

ちょっと、そんな驚くような話をされると、心臓が縮こまってしまいますよ。子たちを信用しているといっても、追い出される法的な可能性があると言われるだけでショックです。

**長男 英介さん**

母さん。安心してよ。僕も久雄も決してそんなことはしませんから。今まで大事に育ててもらって感謝の念しかありません。だから、私から二世帯住宅を建てようって提案したくらいなんですから。

**妻 晴美さん**

もちろん信じてますよ。でも、英介がはっきり断言してくれてとても嬉しいわ。これで安心して一緒に暮らしていけます。

**聡美弁護士**：そうですね。実の親子で考えるとありえないと思うかもしれませんが、子がおらず配偶者と被相続人の兄弟、例えば妻と夫の兄弟が相続人になるというケースもあります。そういうときに義理の兄弟とは仲が悪くて殺伐としたりする場合があります。もしくは、亡くなった夫と先妻との間の子と、再婚した妻の仲が悪いという場合などもあり、相続人であるからといって関係がよいとは言い切れないのです。

こういうケースで、「家賃相当額を払え」と主張されるリスク自体はゼロではありません。

**妻 晴美さん**：なるほど。そんな家族関係であれば、そのような主張をされることも考えられますが、配偶者としては大変困ったことになってしまいますね。だって、住み続けられないなんて考えたこともないでしょうから。

**聡美弁護士**：そうです。そこで、配偶者短期居住権という制度が創設されたのです。この「配偶者短期居住権」という制度は、先ほどの、使用権を持っている分だけ自分たちにも収益を分配しろと言われるリスクを避けるために、居住用の建物に遺産分割等が完了するまでか相続開始から6か月間のいずれか長い方の期間は配偶者がそのまま住み続けている際の使用利益は計算しない、という規定です。

**晶子税理士**：遺産分割と同時に消滅してしまう権利なので、税法上の扱いでは、配偶者短期居住権の相続税評価額はゼロとされています。晴美さん、この配偶者短期居住権という法律は安心ですよ。

**妻 晴美さん**：でもこの短期居住権で保護されているのは、遺産分割まででしょう？ 遺産分割後の配偶者保護はどのように整備されたのですか。そちらのほうが気になります。

**聡美弁護士**：では、まずわかりやすい事例でご説明しましょう。例えば、遺産に占める居住用建物の割合が非常に高く、亡くなった被相続人の財産は少しの金融資産と自宅だけ、というケースです。

文京浩平さん

相続財産のほとんどが、自宅である不動産しかないというケースは確かによく聞くことがあります。

聡美弁護士

例えば、被相続人の預貯金は2,000万円だとします。土地は借地であり、賃借権と建物自体の金額が合計2,000万円だとしましょう。被相続人の遺産合計は4,000万円となり、相続人は配偶者と子A、Bの3人です。

【相続財産のほとんどが自宅不動産である事例】

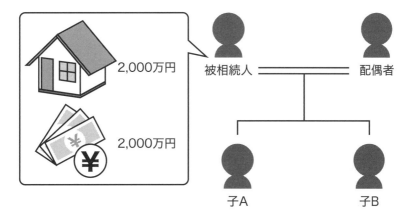

文京浩平さん

東京では、よくある話ですね。普通のサラリーマンの場合は、ローン返済を退職金で完了する人が多く、そうすると預金はほとんど残りませんからね。

聡美弁護士

この場合、配偶者の法定相続分は合計4,000万円のうちの2分の1ですから、2,000万円しかありません。もし建物に住み続けたいと希望したら、2,000万円の借地権付き建物を取得することになり、それで配偶者の法定相続分は終わってしまいます。

残りの、預貯金の2,000万円は法律上は誰が相続することになるのですか。

文京浩平さん

聡美弁護士

残りの2,000万円の預貯金は、法定相続分を厳守するのであれば、子ＡとＢで均等に分けることになります。

ただし、遺産分けをする時には法定相続分は絶対に守らないといけないという訳ではありませんよね。

長男 英介さん

聡美弁護士

もちろん、相続人たちが合意すればどんな分け方をしてもかまいませんが、１人でも法定相続分による遺産分けを強く主張する場合は、法定相続分に従うことになります。

自宅だけで、現預金を１円ももらえないと、貯蓄がない配偶者は老後の生活に困ってしまうのではないですか。何か、自分の話をしているような気になります。

妻 晴美さん

聡美弁護士

そうです。もっと極端な例をあげると、建物と土地賃借権は2,000万円のままで、預貯金が600万円しか残っていなかった場合です。被相続人の遺産合計額は2,600万円となります。

つまり、ほとんど金融資産がないという場合ですね。これも、東京の下町ではよく聞くケースだな。

文京浩平さん

【相続財産のほとんどが自宅不動産である事例（極端なケース）】

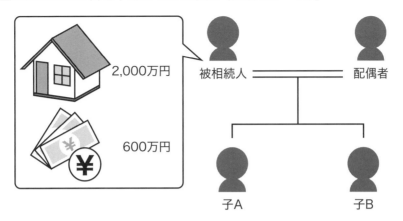

聡美弁護士：　この場合には、配偶者の法定相続分は1,300万円しかないのに、2,000万円の家を取得したいとすると、法定相続分より700万円も多く相続することになってしまいます。子らが法定相続分の取得を主張すれば、この差額の700万円分は、配偶者がどこからか、自分個人の預貯金や取得した生命保険金等から一生懸命集めてきて、350万円ずつ子AとBに代償金として払わなければならないのです。払わないと家を取得することができず、住み続けられない、ということが起こるのです。

妻 晴美さん：　夫を亡くし今後の年金収入もあまり見込めない妻であっても、なけなしの貯金から子に分けるために700万円を払い出さなければならないなんて、とても辛いお話です。

聡美弁護士：　配偶者にとってはなかなか厳しい事例になってしまいましたが、このような配偶者を救うために考えられたのが「配偶者居住権」という制度です。短期居住権との区別のために、長期居住権と言われることもあります。

　配偶者の今後の生活が心配になるような先ほどの事例の原因は、「自宅の建物が全財産に占める割合が高すぎる」ということです。建物価値が非常に高い例でいうと、タワーマンション等でも該当するかもしれませんね。

　確かに、土地も建物も被相続人が所有している場合、土地の価額は高いけれども建物の価額が低い場合は、子が土地、配偶者が建物というふうに分割すれば、配偶者は自宅に住み続けることができます。でも、建物が新しく価額が高い場合には、先ほどのような「配偶者が相続したい自宅の建物の価値が相続財産に占める割合が高すぎる」という問題はなくなりませんね。

　ですから、先ほどお話しした民法改正では、相続財産に占める「自宅の建物の価値」の割合をもっと減らそうと考えたわけです。

　なるほど、土地ではなく、配偶者居住権とはあくまで建物の価値を低下させる制度であることがわかりました。では、どのような方法をとるのでしょうか。

　高額な建物の場合、建物所有権をまるごと配偶者が取得しようとするから、配偶者の相続したい財産が増えてしまいます。そこで、建物の所有権をもっと法的に分解しようという方法がこの配偶者居住権（長期居住権）という制度です。
　例えば、貸地の所有権の評価を底地権と借地権に分けるように、まず建物所有権に法的な居住権を創設し、建物所有権自体は居住権という負担を負っているのでその分の評価を下げる制度が考えられたのです。

　配偶者居住権という制度は建物所有権を、負担付の所有権部分と居住権部分に分けるということですね。でも、価額はどうやって分けるのか難しい考え方です。

　私にはまったく、ちんぷんかんぷんだわ。所有権と居住権に不動産の価値を分けて計算するなんて、普通の人にはできませんよ。

聡美弁護士：確かにそうですね。わかりやすく説明しますと、例えば、居住するために建物全体を取得する、つまり1,000万円必要だったものが、仮に所有権を600万円、居住権を400万円とした場合、配偶者は400万円分の配偶者居住権だけを取得すれば建物に居住を続けることができる、という制度です。建物自体全部をもらうときよりも、ずっと代償金を払うリスクも減りますし、代償金を払う必要がないだけでなく、自宅に居住を続けながら遺産のうちの預貯金の一部も取得できる可能性が高くなります。

長男 英介さん：配偶者居住権についての期間は決まっているのですか。期間によって価値は大きく異なると思うのですが…。

聡美弁護士：この配偶者居住権は配偶者を保護するためのものですから、原則として、設定するときには終身、つまり配偶者の死亡までとするケースがほとんどです。ただし、配偶者の了解のもと、20年、30年というふうに年数の上限を決めておくこともできます。このようにして、自宅建物の相続財産に占める割合が高い相続においても、残された配偶者の生活を保全する、これが配偶者居住権という制度です。

【配偶者居住権の考え方】

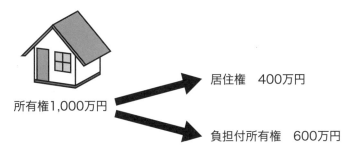

妻 晴美さん：自宅が財産のほとんどという家庭で相続が起こったら、配偶者が住み続けられない。子たちに要求されれば住んでいる家を売らなければいけない。そのような遺された配偶者に酷な事態を防ぐために、この配偶者居住権が創設されたことがよくわかりました。遺された妻にとってはありがたい制度ですね。

遺産分割の場合などではお互いが納得すれば配偶者と子の間で価額をどう考えるかは正確には決めなくてよいのでしょうが、相続税の申告の時は明確にしないと相続税額が計算できません。この配偶者居住権については、相続税法上の評価額はどのように計算するのでしょうか。

文京浩平さん

晶子税理士

配偶者居住権をどのように評価するのかというと、わかりにくい複雑な計算式ですので、実例でお話ししましょう。

夫に相続が発生し、妻は夫の死亡時には85歳でした。夫の遺産は相続税評価額で、居住用建物が1,000万円、その建物の敷地（330m²）が3,000万円でした。建物は金属造、耐用年数27年、経過年数15年とします。子が自宅の建物・土地の所有権を相続し、妻は建物に終身の配偶者居住権を相続する、次のような遺産分割を行ったという事例です。

### 【設例の前提条件】

① 夫に相続が発生、妻は85歳（夫死亡時）
② 自宅建物の相続税評価額　1,000万円
　（金属造　骨格材の肉厚3.2mm：耐用年数27年、経過年数15年）
③ 自宅土地の相続税評価額　3,000万円
④ 子が自宅の建物・土地を相続、妻は建物に配偶者居住権（終身）を設定

### 【設例における相続税評価額の計算】

(1) 配偶者居住権が設定された建物所有権の相続税評価額（子の相続分）

$$10{,}000{,}000円 \times \frac{(27年 \times 1.5)^{※1} - 15年^{※1} - 9年^{※1※2} = 17年}{(27年 \times 1.5)^{※1} - 15年^{※1} = 26年} \times 0.766^{※3} = 5{,}008{,}461円 \cdots ①$$

※1　6か月以上は1年に切上げ、6か月未満は切捨て
※2　居住権の存続年数　85歳女性の完全生命表による平均余命（6か月以上は1年に切上げ、6か月未満は切捨て）…8.73年⇒9年
※3　複利現価率　年利率3％のときの9年の場合…0.766

(2) 建物の配偶者居住権の相続税評価額（妻の相続分）
　　10,000,000円　−　5,008,461円　=　4,991,539円…②

(3) 配偶者居住権が設定された建物の敷地所有権の相続税評価額（子の相続分）
　　30,000,000円　×　0.766　=　22,980,000円…③

(4) 配偶者居住権が設定された建物の敷地に対する配偶者居住権の相続税評価額（妻の相続分）
30,000,000円 － 22,980,000円 ＝ 7,020,000円…④

(5) 配偶者居住権の相続税評価額（妻の建物・その敷地に対する配偶者居住権の合計）（②＋④、妻の相続分の合計）
4,991,539円 ＋ 7,020,000円 ＝ 12,011,539円

(6) 配偶者居住権が設定された建物とその敷地の所有権の相続税評価額
（①＋③、子の相続分の合計）
5,008,461円 ＋ 22,980,000円 ＝ 27,988,461円

私は数字には疎いので、どのようにしてこの算式が成り立っているのか、1回説明を受けただけでは全く理解できません。

妻 晴美さん

晶子税理士

　本当に複雑ですよね。まず、建物があとどれくらい使えるか計算します。どう判断するかといいますと、税法における建物の耐用年数を使います。建物が木造でしたら耐用年数は22年ですが、金属造の場合、骨格材3.2mmだとすると耐用年数は27年になります。次に自宅の場合は耐用年数を1.5倍にします。

　その計算なら、何となくわかりますが、法的に決まっている建物の耐用年数をなぜ1.5倍にするのでしょうか。

長男 英介さん

晶子税理士

　耐用年数というのは、普通アパートとかマンションという事業用の場合の減価償却をするときの基礎になります。借りものだとそんなに大事に使いませんが、自分が使う場合には皆さん大事に使うでしょう。大事にするから長持ちするということで居住用建物の場合、事業用の耐用年数の1.5倍にすると通達で定められているのです。

なるほど。自宅は大事にするって、課税当局はいろいろ考えてますね。結果として、自宅の場合は残存価値が高いとして、譲渡所得税を多額にとれるのかあ。

長男 英介さん

晶子税理士

フッ！ フッ！ 英介さん、よくわかりましたね。この考え方によると、事例の建物は耐用年数が27年×1.5＝41年（6か月以上切上げ）になります。使用開始から今まで15年経っているので、その15年を引き、あと26年（残存年数）使える、という計算です。

つまり、法定耐用年数を1.5倍にして、経過年数を引いて残存年数を算出し、それを分母にするのです。

分子の計算は分母の年数を基に計算しているようですが、どのようにするのですか。耐用年数の他には何を使うのですか？　だって、その人があと何年生きるかなんて誰にもわからないじゃないですか。

長男 英介さん

晶子税理士

分子は、85歳になった配偶者があと何年ここで住み続けるかを基本に計算するのです。厚生労働省の統計で完全生命表が発表されており、そこに平均余命が掲載されています。最新の第23回生命表（完全生命表）では、85歳の女性の余命は8.73と掲載されています。

なるほど。終身の居住権の場合は、あと何年生きていられるかという厚生労働省の統計数字を基準にして計算するのですね。

文京浩平さん

ふーん。初めて見る表ですが、私は65歳の女性ですから、あと25年近く生きるってことですね。あなたは72歳の男性だから、あと約15年だとすると、私は1人で10年近く生きることになる。あなたにしっかり私の老後のことを考えてもらっておかないとだめですね。

妻 晴美さん

文京浩平さん

わかってるよ。安心していてください。私も英介と一緒で、長い間大事にしてくれた母さんのことを一番に考えていますよ。

晶子税理士

仲の良いご夫婦で素敵ですね。
では、計算の説明に戻ります。今、晴美さんが見ておられる生命表で確認しますと、85歳の女性はあと9年（8.73年を6か月以上切上げ）生きると想定するのです。
次に建物の残存年数を26年と計算しますので、配偶者の終身利用期間が9年と想定すると、所有者である子のもとに家が戻ってきてから使える年数は、残存年数26年から配偶者の想定使用年数9年を引いた17年と計算します。

長男 英介さん

なるほど。残存年数26年分のうち、子に戻ってくるのは母が亡くなった後、つまり9年後で、子はその後17年使えると考えるのですね。戻ってくるまでは自由に使えないので、すぐには使えない分不動産の価値は自用に比べると下がると考えるわけなんだ。

晶子税理士

はい、そうです。その使えない期間の収益性を法定利率だと仮定して、価値の下がった分を計算するのです。その価値を減少させる割合を複利現価率と言います。令和2年4月1日から法定利率は3年ごとに見直されることになっており、現在の法定利率は3％となっています。この利率における複利現価率は、9年間の場合は0.766とされています。よって、0.766をかけて、子の建物所有権の評価額を算出すると5,008,461円です。

文京浩平さん

最後に現在価値に置き直す工程を入れて、なるべく公平にしようと計算式を決めたのですね。この計算式は多くの専門家の知恵で作られたのが、よくわかりました。

　家自体は1,000万円の価値のうちあと26年使える。でも妻が使った残りの、子が使えるのは17年。使えるのは9年後からだから、建物所有権を現在価値に置き換えると5,008,461円です。
　元々の価値が1,000万円で、子の建物所有権は5,008,461円だから、妻の建物についての配偶者居住権は、差し引いて4,991,539円です。

　建物の計算についてはよくわかりました。でも、子にすれば建物に配偶者が住んでいる以上、土地も自由に使えないにもかかわらず、配偶者居住権が設定されていない土地の相続税評価額と同じだったら、不公平だと思うのですが、土地の相続税評価額はどのように決められているのでしょうか。

　相続税法では配偶者居住権が設定されれば建物だけでなく、同様に土地の評価も下がります。
　土地の相続税評価額が3,000万円ですが、自由に使えるまでには統計上8年間かかります。3％の法定利率で現在価値に置き換えると、複利現価率0.766をかけるので土地の負担付所有権の評価は2,298万円です。

　なるほど。土地は使用可能な年数という考えが出てこないため、建物よりも簡単にあとどれくらい配偶者が生存するのかという統計数値のみで計算することがわかりました。

　妻の土地についての配偶者居住権は、3,000万円から2,298万円を差し引くため、702万円です。
　そうすると配偶者居住権は、建物の居住権が4,991,539円。それから土地の居住権が702万円となります。よって、妻の配偶者居住権の評価は土地と建物の合計額の12,011,539円となります。

配偶者側の相続税評価額の計算は理解できました。では配偶者居住権が設定された子の所有権はどうなるのでしょうか。

長男 英介さん

晶子税理士

反対に子の持っている所有権は、建物の評価額はこの残存年数分しかないので5,008,461円となります。土地の評価額はあと9年後には戻ってくるということで2,298万円、合わせて27,988,461円になります。以上、この事例の場合には、配偶者の方の居住権が約1,200万円、所有権の方が約2,800万円という計算になりました。このように、配偶者の年齢、建物の残存年数などによって、相続税評価額は大きく異なりますのでご注意ください。

なるほど、配偶者の居住権と子の所有権を合計すると、元の評価額になり、配偶者居住権を設定してもしなくとも評価額に変わりはないということがわかりました。それでは次に、晴美が配偶者居住権を相続し、その後晴美が亡くなった場合は、設定していた配偶者居住権が消滅するとお聞きしましたが、その場合の課税関係はどうなるのですか。

文京浩平さん

聡美弁護士

私もその課税関係がとても気になっていたのです。まず晴美さんがいつ亡くなるかがわかりません。5年で亡くなる場合もありますし、15年で亡くなる場合もありますから。

先ほどの事例の場合、9年でちょうど亡くなったら、統計どおりの予想期間で配偶者居住権が消滅し評価方法と合致しますが、例えば相続の翌年に亡くなったとしたら、9年分引いて相続税評価額を算出したのにたった1年で配偶者居住権が戻ってくると考えるととても得ではないか、ということになります。逆に配偶者が相続開始から10年以上ご存命の場合は、損ではないかとも考えられるわけですから。

しかし、特別寄与料のようにみなし相続財産になるという改正もされなかったのですから、課税相続財産でもありません。どう取り扱われるのでしょうか。

**晶子税理士**　注目されていた配偶者居住権が期間満了及び配偶者の死亡によって消滅した場合の課税関係ですが、相続税や贈与税の課税はないとされています。

　つまり、配偶者居住権を設定することにより、被相続人の相続時に子が取得した建物・土地等の所有権については配偶者居住権が控除されますので、大きく相続税評価額が下がることになります。その後、配偶者の死亡による相続時に、配偶者居住権が消滅し建物・土地所有権が完全所有権となり、子の相続税評価額が自動的に上がることになります。しかし、死亡や期間満了により消滅した配偶者居住権については贈与税も相続税もかからない。したがって、配偶者居住権は子にとっては相続税の節税効果が高いといえます。

**文京浩平さん**　つまり、二次相続の際の課税相続財産にはならないのですから、父母のどちらかが死亡した場合の相続に際しては、どのような資産家の方でも配偶者居住権を付けた方が相続税の節税になるといえるのですか。

**晶子税理士**　ところが、一概にそうはいえないのです。小規模宅地等の特例が適用できるかどうかが相続税節税の大きなポイントですから、この特例についての検討が必要です。

**長男 英介さん**　大きく相続税の節税ができるという小規模宅地等の特例とはどういうものか詳しく教えていただけますか。

**晶子税理士**　被相続人の居住用宅地や事業用宅地等につき、相続税を軽減するために設けられたのが「小規模宅地等の特例」です。

　被相続人等が相続発生まで居住していた宅地等で、配偶者や一定の親族が取得した場合には、特定居住用宅地等として330m²まで評価額が80％減額されます。同様に、被相続人や生計一親族及び同族会社の事業用宅地等で、一定の親族が取得した場合等には、特定事業用等宅地等として400m²まで80％減額されます。ただし、貸付事業用宅地等については200m²まで50％減額とされています。

【小規模宅地等の特例】

| 利用区分 | | 限度面積 | 減額割合 |
|---|---|---|---|
| 事業用 | 特定事業用宅地等 | 400m² | ▲80% |
| | 特定同族会社事業用宅地等 | 400m² | ▲80% |
| | 貸付事業用宅地等 | 200m² | ▲50% |
| 居住用 | 特定居住用宅地等 | 330m² | ▲80% |

　自宅の土地・建物は私が所有していますが、私に相続が発生した場合、どのような親族が相続したらこの特例を適用することができるのでしょうか。

文京浩平さん

晶子税理士

　被相続人等の居住の用に供されていた宅地等につき、その宅地等を①配偶者が取得した場合、②被相続人と同居していた親族が取得し、申告書の提出期限まで引き続き居住し、かつ所有している場合、③配偶者及び同居法定相続人がいない場合で、一定の要件を満たした者が取得し、かつ申告書の提出期限まで引き続き所有している場合、④被相続人と生計を一にしていた親族が相続開始まで自己の居住の用に供し、申告書の提出期限まで引き続き居住し、かつ所有している場合等には、その宅地等は特定居住用宅地等として適用を受けることができます。

　では、妻の晴美が相続すれば、無条件にこの特例が使えるのですね。住宅は区分所有されておらず、全部私の名義になっていますが、二世帯住宅になっており、あくまでも英介は生計一でない別の所帯です。それでも長男の英介はこの特例を適用することができるのでしょうか。

文京浩平さん

　被相続人とその親族が一の家屋に同居していたかどうかを判定する場合、その家屋が共同住宅のように構造上区分され、各独立部分をそれぞれ住居等に供することができる区分建物については、その各独立部分を単位として判定します。各独立部分に被相続人とその親族が別々に居住していた場合、同居に当たらず被相続人以外の者の居住用部分については特定居住用宅地等に該当しません。

　じゃあ、区分所有登記していないといっても完全分離型の二世帯住宅ですから、私が相続した場合にはこの特例の適用を受けることはできませんね。

　いえ、ご安心ください。
　一棟の住宅の全部を被相続人等が所有しており、相続開始の直前において被相続人が居住していた独立部分以外に居住していた者がいる場合、その親族が被相続人の居住用家屋に同居していたとして申告したときは、その申告が認められ特定居住用宅地等として取り扱われます。
　浩平さんの自宅は区分所有されていませんので、英介さんが相続され他の相続人の同意の下、この特例を適用したいと申告されれば、適用を受けることができますので、ご安心ください。

　でも、妻の晴美に相続させれば英介がこの特例の適用を受けることができないし、英介に相続させると相続税対策としては効果的だけど、もし英介が急死した場合、1人になった晴美が肩身の狭い思いをするのは困るし、どうすればいいんでしょう。

　だからこそ、配偶者居住権を活用するのです。所有権は英介さんに、配偶者居住権を晴美さんに相続させれば悩みは解決します。

そうか、配偶者居住権を設定すればよいのか。しかし、この時の小規模宅地等の特例の適用について、どのように計算するのでしょうか。

文京浩平さん

晶子税理士

　配偶者居住権が設定されている建物の敷地である宅地所有権又は配偶者居住権に基づく土地使用権について、特定居住用宅地等に係る小規模宅地等の特例の適用を受ける場合においては、その特例対象宅地等の面積は、その面積に、それぞれ敷地の用に供される宅地所有権の価額又は配偶者居住権の価額が、これらの価額の合計額のうちに占める割合を乗じて計算した面積とみなして、小規模宅地等の特例の適用を受けることができます。
　つまり、その宅地の面積を配偶者居住権とその土地所有権の価額で按分することになります。例えば、配偶者が子と同居しており、配偶者が居住権を、子が土地所有権を相続により取得した場合、それぞれの価額で面積を按分しますので、1人で相続した場合と同じ面積について合計で適用を受けることになります。

　配偶者居住権を晴美に相続させ、英介に土地・建物の所有権を相続させようと思っているのですが、我が家の場合は具体的にどうなるのですか。

文京浩平さん

晶子税理士

　浩平さんの場合、330m²の土地ですから、2人で面積を按分されても、結局は2人で適用を受ければ最高限度額の330m²の土地に適用を受けることができます。もし、その後晴美さんが亡くなり配偶者居住権が消滅したとしても、相続税や贈与税がかからず英介さんがその価値を取得できるのですから、最高の相続税対策といえるでしょう。

【事例】

〈前提条件〉
216ページの設例と同様

```
配偶者居住権(配偶者)
自宅建物　所有権(子)
配偶者居住権に基づく
土地使用権(配偶者)
702万円
建物の敷地(子)
2,298万円
```

配偶者及び子の小規模宅地等の特例適用となる宅地の面積

⇒ 330m²×702万円／3,000万円
＝77.22m²

⇒ 330m²×2,298万円／3,000万円
＝252.78m²

聡美弁護士：配偶者居住権は令和2年4月1日から施行されていますので、遺言の場合はこの日以後に作成された遺言による配偶者居住権の遺贈から設定できます。この配偶者居住権に関しては、登記もできる権利になっており、登録免許税は通常の相続登記の場合は4/1,000ですが、配偶者居住権については2/1,000の税率で登記できます。

文京浩平さん：結果として遺産の少ない方のみならず、遺産の多い資産家の方もケースによっては、配偶者居住権を利用することにメリットがあることがよくわかりました。遺言書作成に際しては、配偶者居住権を晴美に遺すと書こうと思いますので、注意すべき点があれば教えてください。

聡美弁護士：配偶者居住権を遺す遺言は、必ず「遺贈する」と記載しなければならないと民法で決まっています。間違って、「妻に自宅の配偶者居住権を相続させる」と書いてしまった場合、その部分の遺言は効力を持たず、奥様に遺言によって配偶者居住権を取得させることはできないのでご注意ください。

文京浩平さん

「相続させる」と「遺贈する」では効果が違うとは……。遺言の言葉には注意が必要なのですね。全く知りませんでした。

聡美弁護士

遺言で配偶者居住権を取得させられなかった場合は、遺産分割協議で全員一致して設定することもできますが、浩平さんの場合は二男の久雄さんが海外在住ですから、迅速な協議は難しいかもしれませんね。

文京浩平さん

そうですね。正確に、「遺贈する」と書きたいと思います。
　二男の久雄は何もいらないと言ってはいますが、大切な息子ですから、やはり何かは遺してやりたいと思います。ただ、跡を継いでくれる長男の英介たちにはそれなりの財産を遺さなくては家が維持していけないので、法定相続分ではなく、遺言では久雄に遺留分までとは言わないまでも、ある程度の財産を相続させてやりたいです。

聡美弁護士

浩平さんの意向を実現するためには、ますます遺言が重要ですね。
　二男の久雄さんにも、遺留分までは達しないとしても相応の財産を相続させる遺言があることで、浩平さんからの想いを感じてもらえるのではないでしょうか。

文京浩平さん

しっかり内容を考えて、遺言を作成したいと思います。
　また、一代飛ばしの相続は相続税対策になると聞いておりますので、孫にも財産の一部を渡したいと思っているのですが、やはり遺言に書いておいたほうがいいですか。その場合、デメリットはあるのでしょうか。

聡美弁護士

養子縁組をしない限り、孫は法定相続人ではありませんから、遺言がなければ遺産を渡すことはできませんので、遺言によって財産の一部を孫に遺贈する必要があります。

また遺産からでなくとも、孫が受取人になる生命保険等に加入する方法もあります。生命保険の場合は遺産ではありませんので、遺言に孫への遺贈を書く必要はありません。

晶子税理士

確かに祖父母から父母、そして子と相続財産が渡ると複数回相続税を払う必要があります。だから、祖父母から孫へ一代飛ばしで財産を移転すれば、父母の時の相続税を払う必要がないので相続税の節税になります。

ただ、「一親等の血族及び配偶者」以外の方、そして孫はたとえ養子縁組していたとしても、相続又は遺贈により財産を取得した場合には、本来の相続税額の20％相当額が加算されますので、ご注意ください。これは、孫が生命保険等のみなし相続財産を受け取って、相続税の納税義務者になった場合も同様です。

妻 晴美さん

相続税が増えるなら、あなたはそんなに多額を渡すつもりはないとおっしゃっていたので、遺言に書く必要はなく、生きてる間にあげたほうがいいんじゃない。

長男 英介さん

私もそうしてくれるほうが嬉しいな。なんか、私と久雄が淳と美奈と一緒に相続税の申告をするのはどうも抵抗があります。

晶子税理士

私もそう思います。もし生前対策を考えられるなら、孫には遺言で残すのではなく、低い税率の範囲での複数回の贈与、住宅取得資金や教育資金の非課税特例を活用した贈与を実行された方が節税になると思います。遺言書を作成される前にぜひ一度ご検討ください。

父さん、本当に淳や美奈に贈与してくれるなら、あの子たちが欲しかったバイクや研究資金がもらえるから、とても喜ぶと思います。ぜひ、生きているうちに贈与して喜ばせてやってください。

　淳や美奈にはそうするか。早速、検討してみます。
　それでは、今日の話を組み入れた遺言書を書きたいので、自分がどうしたいのか、じっくり考え、その思いをまとめたものを晶子税理士と聡美弁護士に送らせていただきますので、遺言書の原案を作ってもらえますか。

　了解しました。晶子税理士にも税制上の点を確認してもらって浩平さんの遺言書の原案を作成します。できたら、またご連絡させていただきます。

　両先生、よろしくお願い申し上げます。

【遺言書記載例】

# 遺言書

> **Point** 遺言で配偶者居住権を取得させる場合は「遺贈する」と書く

第1条
　1　私の有する別紙目録1記載の自宅建物の配偶者居住権を妻・文京晴美（昭和●年●月●日生）に遺贈する。
　2　前項の自宅建物の所有権を長男・文京英介（昭和●年●月●日生）に相続させる。

第2条　私の有する別紙目録2記載の財産を妻・晴美に相続させる。

第3条　私の有する別紙目録3記載の財産を二男・文京久雄（昭和●年●月●日生）に相続させる。

第4条　私の有する別紙目録4記載の財産及び、前3条記載の財産を除くその他の一切の財産については、長男・英介に相続させる。

第5条
　1　本遺言の遺言執行者に、長男・英介を指定する。
　2　遺言執行者は、この遺言を執行する上での一切の権限を有し、この遺言を執行するに際し、単独で、相続財産に含まれる預貯金債権の名義変更、解約、払戻請求等をすることができる。
　3　遺言執行者は、本遺言を執行するために必要と認めたときは、代理人をして遺言執行させることができ、その選任については遺言執行者に一任する。

　　　　　　　　　　　　　　　　　　　　令和6年11月1日
　　　　　　　　　　　　　　　　　　　　●●市●●町●番●号
　　　　　　　　　　　　　　　　　　　　文 京 浩 平　㊞

【別紙目録記載例】

# 物件等目録

目録1
　第1条により配偶者居住権を設定する建物
　　　所　　在　〇市〇町〇丁目〇番地〇
　　　家屋番号　〇番〇
　　　種　　類　居宅
　　　構　　造　木造瓦葺2階建
　　　床 面 積　1階　〇平方メートル
　　　　　　　　2階　〇平方メートル

目録2
　第2条により妻・文京晴美に相続させる財産
　　①　〇銀行〇支店扱い　普通預金
　　　　口座番号　×××××××

　　　（以下、省略）

目録3
　第3条により二男・文京久雄に相続させる財産
　　①　〇銀行〇支店扱い　普通預金
　　　　口座番号　×××××××

　　　（以下、省略）

　　　　　　　　　　　　　　　　　　　　　文京浩平　㊞

目録4
　第4条により長男・文京英介に相続させる財産

1　不動産
　①　目録1の自宅建物の敷地である土地
　　　所　　在　○市○町○丁目
　　　地　　番　○番○
　　　地　　目　宅地
　　　地　　積　○平方メートル

　②　賃貸建物
　　　所　　在　○市○町○丁目○番地○
　　　家屋番号　○番○
　　　種　　類　居宅
　　　構　　造　鉄骨造スレート葺3階建
　　　床 面 積　1階　○平方メートル
　　　　　　　　2階　○平方メートル
　　　　　　　　3階　○平方メートル

　（以下、省略）

　　　　　　　　　　　　　　　　　　　文 京 浩 平　㊞

## Point

① 配偶者居住権は配偶者の居住を保護する権利で建物に設定する
② 配偶者居住権の相続税評価は建物の耐用年数や完全生命表等で計算する
③ 配偶者居住権に基づく使用権にも敷地所有権にも小規模宅地等の特例は適用できる
④ 1棟の二世帯住宅の場合、配偶者も子も小規模宅地等の特例を適用できる
⑤ 遺産分割の仕方で小規模宅地等の特例による評価減が異なることに留意する
⑥ 配偶者居住権は遺言では遺贈すると書かないと効力がない

# 事例12 債務や保証の相続は要注意

### 福岡潤子さんの相談

　福岡潤子さんは、兄と父親の親子3人で暮らしています。
　父親の明彦さんは一帯に土地建物を所有している大地主さんですが、相続税対策のために、銀行から多額の借金をして賃貸マンションやロードサイド店舗などを何棟も建築し所有しています。それらのマンション等の不動産経営によって預貯金や有価証券も少なからず保有しています。ところが、友人から、母が亡くなった時に不動産も相続しないのに借金を相続させられそうになったと聞き、借金は兄のみが相続すると思っていた潤子さんは、急に不安になり、兄と一緒に晶子税理士と聡美弁護士に相談することにしました。

### 福岡潤子さんと家族の概況

　将来は兄の亮太郎さんが借金とともに賃貸マンションやアパートを継ぐ予定であり、潤子さんは父親の預貯金と上場有価証券を相続できればいいと考えています。友人の恭子さんが母親の相続の際に、「お母様が銀行から借り入れていた借金は、相続人全員がそれぞれの相続分に従って相続します。」と金融機関の担当者から話をされたと聞き驚きました。潤子さんは、父親の借金は賃貸マンションやアパートなどを建築するためのものであり、父親の所有する賃貸マンションやアパートには借入先の金融機関の抵当権も設定されているため、当然、賃貸マンションやアパートを相続する亮太郎さんが、その借金も全て相続するものと思い込んでいました。父親は兄の亮太郎にすべてを任せており、兄とは遺産分割の予定についても話がついているので、借金を引き継がないでよい方法はないかと兄と検討中です。

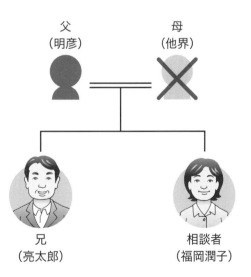

父は賃貸マンションや店舗等の収益物件をたくさん持っていますが、それらを建築する際に銀行から多額の借金もしています。父に万一のことがあったときは、不動産は全て兄の亮太郎が相続し、私は預貯金と上場株式等を相続することで、2人は合意しています。収益物件を建てるための借金は、マンションやアパートを相続する人が引き継ぐものだと思っていたのですが、そうではないのですか。

銀行からの借入金の返済はアパートから上がる家賃で返済しているのですから、アパートを所有することになった人がアパートローンを返済するのが、どう見ても合理的だと思います。

 福岡潤子さん

僕もそう思います。不動産は全部僕が引き継ぐのに、借金の一部を潤子に引き継がせるつもりはありません。

 兄 亮太郎さん

万一、借金は相続人が全員で各自の法定相続分で相続するのだったら、どうしよう。そんなことになったら、私が父から相続する財産よりも、引き継ぐ借金のほうが多いことにもなりかねません。

 福岡潤子さん

### 借金も相続の対象

 聡美弁護士

なるほど、今日はそのことでお見えになったのですね。確かに相続といえば、ついつい土地・建物や現金、預貯金などの財産を引き継ぐことに目が行きがちですが、借金も相続の対象となるのです。同じ相続の対象になるといっても、土地・建物や現金、預貯金などのプラスの財産（積極財産）のほか、借金などのいわばマイナスの財産（消極財産）があり、この積極財産と消極財産の相続とでは、ルールが少し異なるのです。

同じ相続でもプラスの財産とマイナスの財産とで相続のルールが違うということは、どういうことですか。だって、借入金なんて財産って言えないじゃないですか。

 兄 亮太郎さん

聡美弁護士　プラスの財産、つまり積極財産は、誰がどのように相続するかは被相続人や相続人が自由に、遺言の作成や遺産分割協議を行うことによって決められるのです。福岡家の場合でいえば、お父様の土地・建物、預貯金や現金を誰がどれくらい相続するかは、お父様が遺言を作成されるか、潤子さんと亮太郎さんのお２人の話し合いで自由に決められるということです。

兄 亮太郎さん　そうですよね。僕の思っていたとおりです。父に相続が発生したら、２人で話し合い、合意すればどんな分け方でもいいはずです。

聡美弁護士　積極財産についてはそのとおりで、潤子さんと亮太郎さんとで遺産分割協議が成立すれば、その内容は、原則として、お２人以外の第三者に対しても、対外的にその効力が認められます。つまり、亮太郎さんが不動産の所有者であるということは、第三者に対しても主張できることになりますし、潤子さんが預貯金を相続すれば、それを銀行等の金融機関に対しても主張できることになります。つまりは、積極財産は遺産分割協議により、誰がその財産を相続するかは自由に決定できるのです。

福岡潤子さん　プラスの財産は相続人が遺産分割協議で自由に誰が引き継ぐかを決められるのであれば、借金だって立派な（？）相続財産ですから、遺産分割協議を成立させれば、兄と私の２人で誰が引き継ぐかを決められるのではないのですか。

聡美弁護士　普通は誰でもそう考えますよね。でも、借金はそうはいかないのです。なぜかというと、借金の場合は債権者、つまりお金を貸した人がいるわけです。債権者の立場を無視して借金の相続を考えることはできないのです。

第３章　事例12　債務や保証の相続は要注意

福岡潤子さん

　お金を貸した人は誰がそれを引き継いだとしても、借金を返してもらえることに変わりはないじゃありませんか。おっしゃっている意味がよく分かりませんので、具体的な事例で話していただけませんか。

聡美弁護士

　例えば、財産が2億円、借金が1億円あるXさんという人がいたとします。XさんにはAとBという2人の子供がいるのですが、Aは大金持ちの資産家、Bは無職で破産寸前なのに遊んで暮らしている楽天家だとしましょう。
　AとBとが遺産分割協議をして、大金持ちの資産家であるAはXさんの2億円の積極財産を全部相続する、破産寸前のBはXさんの借金1億円を全部相続すると決めた場合、借金をBが相続することを決めた遺産分割協議を有効だとすると、Xさんに1億円を貸し付けた金融機関の立場はどうなると思われますか。

兄 亮太郎さん

　えっ、そうすると、借金は破産寸前のBだけが相続するとなると、銀行は1億円をまったく回収できなくなってしまう……？　せっかく、お金持ちのAが相続人なのに、お金のある相続人のAからは1円も回収できず、お金のないBに対してだけしか1億円の返還を請求できなくなってしまうことになる。借金は自分のことだけではなく、相手方の債権者の返ってこないリスクも考えなければならないのか。

聡美弁護士

　そのとおりです。借金、つまり消極財産には、債権者が存在するので、その債権者のことを考えなければならないという点が積極財産の相続の場合とは異なることになるのです。
　このように、積極財産と消極財産とでは相続のルールが異なるので、借金などの消極財産については、相続人は法定相続分に従って相続するというルールとなっているのです。このルールによると、お父様の借金は、金融機関との関係では、相続人である潤子さんと亮太郎さんが法定相続分、つまり各々2分の1の割合で相続するということになります。

金融機関との関係では、ということは、そうではない関係もあるのですか。私たちの間では、そんなこと気にしないでいいということですか？

　そうです。遺産分割協議等で債務を引き継ぐ者を決めた当事者間では、その合意が優先されます。
　具体的に言うと、先程の例では、ＡＢ２人の間では１億円の債務はＢが引き継ぐことで同意しているので問題はないのですが、銀行に対してはそのような主張ができないのです。銀行から請求されれば、Ａは借金の自分の法定相続分である5,000万円を銀行に支払わざるを得ません。ただし、Ａは、銀行に一旦自分の負担分の債務を支払った後で、遺産分割時の合意に基づいて、Ｂにその5,000万円を自分に返済するよう請求できることとなります。
　つまり相続人の間では債務の負担者等についての合意は有効だけれども、それを債権者には対抗できない、つまり銀行等には主張できないということになるのです。

　恭子さんが言っていたことは、このことだったのだとわかりました。私は、父の財産を２分の１も受け取るつもりはありません。大部分の財産である不動産は兄が相続し承継すればよいと思っています。私は父の金融資産だけを相続できればよいだけなので、何とか借金を相続しないで済む方法はないのでしょうか」

## 借金を相続しない方法と生前贈与

　借金を法定相続分で相続するのは、その人が相続人だからです。相続人でなければ借金を相続することはありません。潤子さんが借金を相続したくないのであれば、相続人にならないという方法が１つあります。
　相続人にならない、というのは潤子さんがお父様の相続を放棄するという方法です。これは、お父様の相続が開始したことを知った時から３か月以内に家庭裁判所に相続放棄の申述を行う方法です。

でも相続を放棄してしまえば、私は借金を相続しないかわりに、父の財産も相続することができなくなってしまいます。それは困ります。

確かに相続人ではないのだからお父様の財産を相続で取得することはできません。それでも、お父様の生前に、贈与を受けておくことはできます。生前贈与を受けて、お父様が亡くなった後は相続放棄をすれば、借金は相続することなく、お父様の財産を一部受け取ることが可能になります。

そうかあ。先にもらっておいて、相続が起きたら放棄するという手があるのですね。ただし、贈与税は相続税に比較するとすごく税率が高いと聞いています。もらった時の贈与税はどうなりますか。

相続税と贈与税の税率を比較し、毎年高額にならぬよう注意して、税負担が軽くて済む方法を考える必要があります。また、一気に多額の贈与を受けるつもりなら、相続時に一体課税される「相続時精算課税」という制度を活用することも考えられます。
どの方法を実行するかによって、税金対策も考える必要があります。

## 借金を相続しない方法と債務引受け

相続の放棄をするということは、相続人ではなくなるということですよね。福岡家と縁を切りたいわけではないので、釈然としない気持ちがします。

今ご説明したように、相続を放棄すればお父様の借金を相続することは避けられますが、お父様の相続を放棄するということは、相続人ではなかったことになるのですから、ちょっと心理的に抵抗があるかもしれませんね。そこで、相続を放棄することなく、借金を承継しない他の方法についても、少しご説明しましょう。

えっ、他にもそんな方法があるならぜひお聞きしたいです。できるならば、相続放棄をしたくないと思っているからです。

相続の放棄をしない場合は、潤子さんは立派な相続人です。そうすると、お父様の銀行に対する借入金は、潤子さんが2分の1、亮太郎さんが2分の1ずつ相続することになります。その上で、潤子さんが相続した2分の1のお父様の借金を返済する債務を、お兄様の亮太郎さんに引き受けてもらうという方法があります。

私が借金を相続するけれど、それを兄が肩代わりしてくれるということですか。もともと兄が借金を全て承継すると言ってくれていますので、問題はない方法ですが、どうすればいいのですか。

例えば、仮にお父様の借金が1億円あるとすると、相続により潤子さんと亮太郎さんは5,000万円ずつ借金を返済する債務を相続しています。このときに、亮太郎さんは自分が相続した5,000万円を返済する債務はそのままにして、潤子さんが銀行に返済する5,000万円の債務を潤子さんに肩代わりして亮太郎さんが引き受けるという方法です。そして、亮太郎さんが潤子さんの5,000万円を返済する債務を引き受けることによって、銀行が潤子さんの5,000万円を返済する債務を免責する、つまり借金を返済する責任が免除されることになるのです。これを「免責的債務引受」といいます。

それだと、確かに私は父の相続人であるという立場を貫いた上で、借金を返済する必要はなくなると思いますが、お兄さん、そんな手数のかかる手続きしてくれますか。

 福岡潤子さん

　もちろんだよ。不動産を僕がもらったとしたら、借金だけを潤子に負わせるなんてことはしないよ。

 兄 亮太郎さん

　兄はああ言ってくれているので私の借金の法定相続分を引き受けてくれるから大丈夫ですが、銀行はそのようなことを了解してくれるものなのでしょうか。

 福岡潤子さん

 聡美弁護士

　不動産が2分の1ずつ相続され、1人のみの収入では借入金を返せるかどうか不安であるとか、借入金の担保が不足するという場合には、金融機関は免責をしてくれないことが多いでしょう。
　でも、亮太郎さんがお父様の不動産の大半を相続するため、資力の点で格別に問題がなく、家賃収入の大半を承継するという場合には、金融機関が応じてくれる可能性が高いです。銀行も何人もの相続人を相手にするより負担が軽いので、「免責的債務引受」のひな型を持って自ら免責を進めてくれることすらあります。なお、現在の民法には、この免責的債務引受制度が法律の中に明記されました。

　こうやって教えていただくと、問題を解決するための方法はいろいろと考えられるのですね。明るい気持ちになってきました。

 福岡潤子さん

聡美弁護士

　ただし、先程ご説明した生前贈与にせよ、免責的債務引受にせよ、これにより税務上どのようになるのかを確認しておくことが必要です。
　また、どうすれば税負担を軽くできるのかも教えてもらってから判断されてはいかがでしょうか。

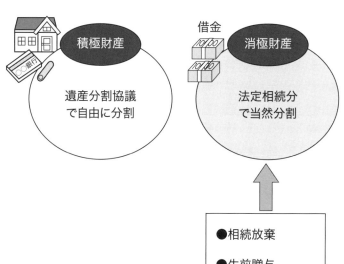

　晶子税理士、今まで聞いてくださっていたように、私は父の財産の大半を占める不動産を、福岡家を引き継いでくれる兄が相続することに納得していますし、相続税対策のために、父が兄と相談しながら借金をして収益物件を取得することにも反対しておりません。また、今の相続税の計算の場合では、それによって私の相続税負担も軽くなると聞いています。

　ただ、借金は遺産分割の対象にはならず平等に2等分といわれると非常に困ります。それを解決するために、いろいろな方法を聡美弁護士に教えていただいたのですが、どの方法を選択するかについては税金負担をしっかり認識してから決めたいので、これらの対処方法に係る税金についてお聞きしたいと思います。

　では、まずは生前に贈与してもらい、相続時には放棄するという方法について、ご説明しましょう。

　生前に贈与を受けてしまえば、誰の了承もなく相続時に放棄して、贈与を受けた分だけで引き継ぎが終わるから賢く贈与すればおすすめです。

　ただし、相続税より贈与税がずっと大きければ、税負担上は潤子さんにとって不利になりますから、注意が必要です。ではまず、贈与税について簡単に説明しましょう。

そうなんです。贈与税は相続税よりずっと高いと聞いていますので、贈与の時の税金が心配だったのです。相続税と贈与税のどちらが有利かも含めて贈与税の基本から教えてください。

福岡潤子さん

## 贈与税の基本

晶子税理士

わかりました。相続税は人が亡くなった時に払う税金ですから、生前に全部の財産を贈与して財産がなくなってしまうと、相続税はかかりません。一方、なにもしないで基礎控除を超える財産を持ったまま亡くなると相続税がかかります。このような不公平な事態をなくすため、相続税を補完するための税金が贈与税なのです。

よって、贈与税の累進税率は相続税の累進税率よりはるかに高くなっています。また、贈与税の基礎控除額は年間110万円であり、相続税の遺産にかかる基礎控除は「3,000万円＋600万円×法定相続人の数」となっており、比較すると贈与税の基礎控除は非常に少ない金額になっています。

【贈り手と受け手によって異なる税金の種類】

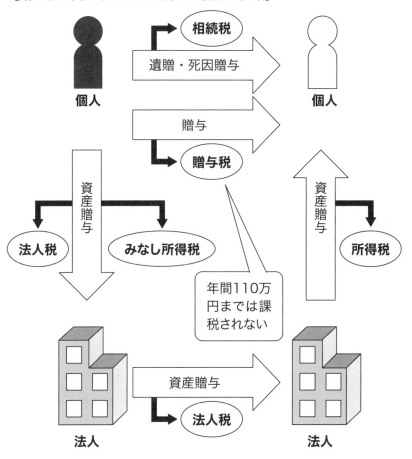

なるほど、個人から個人への財産移転にかかる税金が相続税と贈与税で、贈与による相続税逃れを防ぐために高い贈与税があるのですね。では、贈与税はどうやって計算するのですか。

兄 亮太郎さん

晶子税理士

　贈与税は、その年の1月1日から12月31日までに受けた贈与財産の合計額をもとにして、税額が計算されます。贈与税は、もらった人を基準に計算するので、何回も贈与を受けている場合や、何人からも贈与を受けている場合は、それらのすべてを合計します。
　贈与税額は、贈与された財産の価格（課税価格）から基礎控除額110万円を差し引いた残りの額に、贈与税の税率をかけて計算します。税率は累進税率ですので、課税価格を税率ごとに区分してそれぞれの税額を計算しなければなりません。このやり方だと計算が複雑になりますので、一般的には税額計算する場合には速算表を用います。この課税方法を暦年課税といいます。

【贈与税の速算表】

| 基礎控除後の課税価格 | | 一般贈与 | 特例贈与（18歳以上の者への直系尊属からの贈与） |
|---|---|---|---|
| | 200万円以下 | 10% | 10% |
| 200万円超 | 300万円以下 | 15%－10万円 | 15%－10万円 |
| 300万円超 | 400万円以下 | 20%－25万円 | |
| 400万円超 | 600万円以下 | 30%－65万円 | 20%－30万円 |
| 600万円超 | 1,000万円以下 | 40%－125万円 | 30%－90万円 |
| 1,000万円超 | 1,500万円以下 | 45%－175万円 | 40%－190万円 |
| 1,500万円超 | 3,000万円以下 | 50%－250万円 | 45%－265万円 |
| 3,000万円超 | 4,500万円以下 | 55%－400万円 | 50%－415万円 |
| 4,500万円超 | | | 55%－640万円 |

　贈与税の計算は相続税の計算と違って簡単ですね。もらった財産の価額から基礎控除額を引いて税率をかけるだけだから、僕でも簡単にできそうです。

兄 亮太郎さん

晶子税理士

　はい、そうです。潤子さんがお父様に預貯金を生前に贈与してもらって贈与税を納めるか、又は相続まで待って相続税を納めるか、どちらが税金の負担が軽くて済むかは、簡単に言うと、実効税率の低い相続税が有利といえるでしょう。
　ただし、相続は一時に全財産が移転しますが、生前贈与ではお互いの意思で行うのですから、好きな時に、好きな人に、好きなだけ贈与できます。相続税の税率より低い税率の範囲内で、自由に贈与することができるのですから、低い税率の範囲内で贈与するならば、相続でもらうよりも確実に低い税負担で財産をもらうことができます。

じゃあ、私も長期間にわたって、少しずつ上手に贈与してもらえば、税金負担も軽くて済むのですね。

そうですよ。この方法をとるなら、一度お父様の全財産を調べて相続税を試算し、毎年いくらくらい贈与するのがよいか、検討して実行されるといいですね。

ただし、この暦年課税制度は相続開始前7年以内の贈与は相続財産に持ち戻しされます。令和5年12月31日以前の贈与でしたら持ち戻し期間は3年だったのですが、相続税法の改正で現在では持ち戻し期間が倍以上に長くなってしまいました。ですので、暦年課税で節税を考えておられる場合には、なるべく早く始めることが非常に重要です。

えっ、生前贈与の後で相続放棄をしたら私は相続人ではなくなるのですよね。相続人ではないのに、7年以内の贈与を持ち戻して相続税を払わないといけないのですか。

相続税の納税義務者は、「相続人」ではなく、「相続又は遺贈によって財産を取得した者」と決まっています。潤子さんが相続放棄をして相続人ではなくなったとしても、例えばお父様の死亡保険金の受取人になっている場合等には、その生命保険だけではなく7年以内の暦年課税による贈与額から延長された4年間の贈与から100万円を控除した額を加算して相続税を支払う必要があります。なお、この際には7年間に支払った贈与税の額は相続税の額から差し引くことができます。

では、私が相続放棄をして、かつ生命保険等も一切受け取らない場合は、直前の生前贈与を受けていても、相続税は納税しなくてよいのですか。

　そのとおりです。相続放棄を検討する場合は、遺産自体は受け取れませんので大丈夫ですが、みなし相続財産である生命保険等についても事前に確認しておく必要があります。
　また、一度に多額の財産の贈与を受けたい場合には、贈与税の課税方法には選択により、もう1つの方法があります。

## 相続時精算課税制度による贈与手法

　へえ〜。贈与税は相続税と違って課税方法を選択できるのですね。それはどんな制度ですか。僕も非常に興味があります。

　先ほどお話に出た「相続時精算課税制度」という計算方法です。贈与税の負担を軽くし次世代への資産移転を進めるため、相続税と贈与税を一体化した制度です。贈与を受けた人が、「暦年課税」か「相続時精算課税」かを選択することになります。
　相続時精算課税制度は、原則として60歳以上の父母又は祖父母から18歳以上の子や孫に対する贈与に限定されています。まず、課税財産から110万円の基礎控除額を差し引き、さらに累計2,500万円まで特別控除額を差し引き、特別控除額を超えた部分の金額に対し、20％の贈与税を支払います。
　贈与を受けた受贈者が翌年3月15日までに、相続時精算課税制度を選択する届出を提出すれば適用することができます。

　民法における贈与は制度が分かれているわけではないので、普通の人にはわかりにくいですね。贈与する人が選択すると思っている人が多いようですが、もらった人がどちらを選ぶかを決めるのですから、贈与者が決めるわけではありません。

一度、相続時精算課税制度を選択したら、その後はどう取り扱われるのでしょうか。

一度選択するとその特定贈与者からの贈与はすべて相続時精算課税制度とされ、以後は暦年課税制度を選択することができません。ただ、相続時精算課税制度を選択すると特定贈与者からの贈与は毎年基礎控除後の残高が累計され、合計額が2,500万円を超えるまで無税で、超えた部分に20％の税率で贈与税が課税されるため、多額の贈与であっても贈与時に支払う税金は少なくて済むのです。

贈与の時は大して税金はかからないというのはよくわかりましたが、もらった人の課税についてはそのままで済むのですか。

その後、相続が発生した時に、基礎控除後の相続時精算課税による課税価格と相続財産とを合計した価額をもとに相続税額を計算します。つまり、相続時精算課税制度を選択した人は、父母又は祖父母の相続時にそれまでの基礎控除後の贈与財産を集計し、相続財産とあわせて相続税額を計算するのです。

そうして計算した相続税額から、二重課税とならないように、すでに支払った贈与税額を控除します。そして、もし相続税額から控除しきれない贈与税相当額があれば、還付を受けることができます。

つまり、潤子さんがお父様から現預金を生前にもらっても、相続の時にもらっても、この相続時精算課税制度を選択すれば、贈与税で払っても、相続税で払っても、最終的には支払う税金の合計額はまったく同じとなり、節税にもならないし、増税にもならないのです。

相続時精算課税制度は、まさに生前に相続できる方法を税法が認めていると言えますね。国としては若い人への贈与を進めたいのがよくわかりました。

福岡潤子さん

　そういえば、テレビで相続時精算課税制度が令和6年から使いやすくなったと聞いたことあるのを思い出しました。どのようになったのでしょう。

晶子税理士

　改正前の相続時精算課税制度には暦年課税制度にある110万円の基礎控除がなく、しかも贈与者が死亡した際には相続時精算課税制度選択後の受贈財産をすべて相続財産に加算して相続税が課税されるため、相続税の節税にはならず普及が進みませんでした。そこで、相続税と贈与税の一体化を図るために、令和6年1月1日以後の贈与から相続時精算課税適用者がその年中において特定贈与者からの贈与により取得した財産に係る贈与税については、暦年課税の基礎控除とは別に、贈与税の課税価格から毎年<u>基礎控除110万円を控除できる</u>ことになったのです。

福岡潤子さん

　なるほど、先ほど説明のあった贈与税も相続税もかからない基礎控除額110万円で相続時精算課税制度を推進しようとしているわけですね。基礎控除内であった場合にも、今までと同様に相続時精算課税制度の申告はいるのですか。

晶子税理士

　すでに相続時精算課税を選択している場合には、110万円までの贈与については無税で申告不要とされます。ただし、選択の初年度には110万円以下であっても、相続時精算課税制度の「選択届出書」は必要です。なお、2,500万円の特別控除は基礎控除後の課税価格から控除します。

聡美弁護士

　それは便利でお手軽になりましたね。でもそれだけでは相変わらず相続税の節税とはならないと思います。潤子さんの相続税の節税をしたいという対策には相続時精算課税制度は意味がないのでしょうか。

　いえいえ、特定贈与者が死亡した場合、相続税の課税価格に加算等をされるその特定贈与者から贈与により取得した財産の価額は、この基礎控除額を控除した残額とされたのです。暦年課税でも相続開始前7年以内の基礎控除額は加算することになっているのに、相続税と一体化している相続時精算課税制度にもかかわらず、基礎控除部分を除くなんて、信じられない思いがしています。
　よって基礎控除部分については、相続開始直前の贈与であっても贈与税も相続税も無税となり、少額の贈与については相続時精算課税制度のメリットが大きく高まったのです。

　それならば、少額の贈与を続けるつもりなら相続税の節税にもつながるし、多額に贈与しても相続時に精算されるし、相続時精算課税制度は確かに使いやすくなりましたね。でも、潤子への贈与は毎年110万円ずつなんて、父が亡くなるまでに終わりそうにないからな。
　具体的に税金の計算の仕方を教えてください。

　例えば、1年目は1,000万円、2年目に1,000万円、3年目に1,000万円という贈与を行い、相続時精算課税制度を選択しているとします。1年目、2年目は基礎控除額＋特別控除枠2,500万円の範囲内ですから、贈与税は課税されません。しかし、特別控除額は1年目（1,000万円－110万円＝890万円）と2年目（1,000万円－110万円＝890万円）に使っており、残額は2,500万円－890万円－890万円＝720万円となっており、3年目の贈与額1,000万円は基礎控除後においても2,500万円の特別控除枠を超えることになりますから、その超えた部分に対して贈与税を払わなければなりません。

　そのように特別控除額を超えて贈与された場合、具体的には税金計算はどうなるのですか。

既にご説明したとおり、毎年の基礎控除額と累積による特別控除額を控除して、一律20％の税率をかけて計算した贈与税34万円を払うことになります。

**（1,000万円－110万円－720万円）×20％＝34万円**

複数の人からの贈与につき相続時精算課税制度を選択した場合には、基礎控除はどのようにして計算するのですか。

---

| 60歳以上の父母又は祖父母から18歳以上の子及び孫へ |

| 相続時精算課税制度 |

⬇

- ●毎年110万円の基礎控除が適用
- ●基礎控除後、2,500万円に達するまで特別控除
- ●特別控除を超える部分は一律20％の税率で贈与税
- ●令和8年12月末までの住宅取得等資金贈与に限り、贈与者は年齢制限はなし

※ただし、一度選択適用すると、その贈与者からの贈与は暦年課税に戻れない

※受贈者が選択

**相 続 発 生**

| 適用後の贈与財産（基礎控除額を除く）をすべて相続財産に加算 |

| 相続税を計算し、すでに支払った贈与税があれば差し引く（又は還付） |

**納 税 完 了**

晶子税理士：相続時精算課税制度は受贈者ごとに税額の計算を行いますが、基礎控除は受贈者1人につき年間110万円とされています。よって、その年において、相続時精算課税適用者に係る特定贈与者が2人以上いる場合には、相続時精算課税制度の適用を受ける贈与額の合計額に対して基礎控除110万円を適用しますので、贈与された額で按分することになります。

兄 亮太郎さん：基礎控除部分については相続財産に戻す必要がないんだったら、相続税の節税をしたい人からの贈与のみに絞って精算課税を選択すれば、相続開始まで毎年110万円の贈与については全く税金がかからないのか。

福岡潤子さん：私の場合には心配いらないわ。もう、祖父母も母もなくなって、父だけが対象ですから。でも、どんなものを贈与してもらえば、税金上有利ですか。

晶子税理士：預貯金の場合には評価は変わらないので有利・不利はないのですが、時々の評価が変わる土地や有価証券などの場合は違ってきます。相続時精算課税制度を選択すれば、相続時に持ち戻すときの価額は民法とは異なり、相続時の価額ではなく贈与時の価額だからです。
　贈与時より相続時の評価額が上がっていれば、有利な贈与といえますが、贈与時より相続時の評価額が下がっていれば、不利な贈与となります。

福岡潤子さん：預貯金以外の場合、贈与するものや贈与の時期、贈与財産の価額と相続が発生すると思われる時期、その時の財産の価額とによって、暦年課税が有利であるか、相続時精算課税制度を選択すべきかどうか、よく考えてみる必要がありますね。

【「どちらの制度を選ぶか」のポイント】

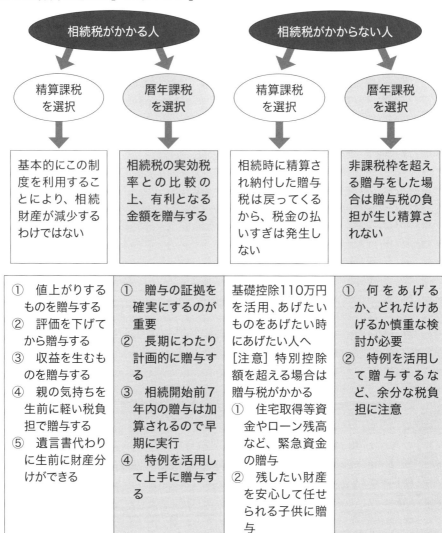

※精算課税の場合、初年度には選択適用届出が必要だが、110万円以下の贈与の場合、どちらの制度も申告不要

## 相続を放棄して生命保険金を受け取った場合の税務

父が生前に贈与してくれない場合の対策として、贈与以外に、相続を放棄しても財産を受け取る方法はありませんか。

福岡潤子さん

**晶子税理士**　相続を放棄すれば、原則として遺産を受け取ることはできません。ただし、受取人固有の財産ならば、相続を放棄しても受け取ることができます。

例えば、生命保険金や年金を受け取ることのできる権利です。お父様が契約者で、かつ、被保険者であり、受取人が潤子さんである生命保険契約については、お父様の死亡と同時に、相続放棄していたとしても、潤子さんが誰の合意も要らず死亡保険金を受け取ることができます。

また、契約者かつ年金受取人がお父様で、被保険者が潤子さんである年金契約については、年金受取人であるお父様の死亡と同時に、契約により次の年金受取人として潤子さんが定められていた場合には、潤子さんが自動的に年金を受け取ることができるようになります。

相続の煩わしさから解放された上で、安心して簡単に現金を受け取ることができる方法です。

**福岡潤子さん**　いろいろな方法があるものですね。その場合は、相続税や贈与税はどうなるのですか。相続でもらうよりも税負担が大きいのは困りますので。

**晶子税理士**　この死亡保険金や年金をもらう権利は、お父様から潤子さんが直接受け取った遺産ではありませんので、遺産分割の対象となりませんし、相続放棄をして相続人ではなくなっても受け取ることが可能です。しかし、相続税法ではお父様が保険料を払われていたのだから、お父様の相続財産とみなして相続税がかかることになっています。

よって、遺産分割で預貯金をもらっても、保険金や年金をもらう権利を受け取っても、潤子さんが払う相続税はまったく同じなのです。

ただ、相続税法では生命保険金に関してだけは、500万円×法定相続人の数までの金額については、保険金の受取人が相続人である場合には非課税となっていますが、相続を放棄すれば相続人にはなりませんので、この非課税枠を使えず少し相続税が増えることに、注意してください。

兄 亮太郎さん

　生命保険の非課税枠を使えないのは残念ですが、この方法なら、生前に財産分与にならないので、私も納得できる方法でいいなと思います。ただ、父は案外頑固なので、生前に潤子に贈与してくれるか、多額の生命保険契約に加入してくれるかがわからないですね。僕からも賛成だからぜひ実行してくださいと話してみますが、やはり専門家である晶子税理士と聡美弁護士から説明していただけますか。

## 免責的債務引受けにした場合の課税

福岡潤子さん

　父が贈与や生命保険に乗り気でない場合や、相続放棄してしまうのも少し抵抗があるので、債務を兄と2人で相続し、兄に私の法定相続分にあたる債務を引き受けてもらう免責的債務引受けという方法についても検討したいと思っています。この方法は相続税ではどう取り扱われるのですか。

晶子税理士

　相続税は実質課税が原則なので、債務については誰が相続したのかというより、誰が引き受けたのかということで課税されます。よって、金融機関から免責されてもされなくとも、お兄様が借金を全部引き受けてくださった場合は、お兄様の相続税の計算上、全額を債務控除することになります。

兄 亮太郎さん

　相続税の計算は、借金は法定相続するということと無関係なことを知り、安心しました。全額引き受ける以上は、その分相続税も安くしてほしいですから。

福岡潤子さん

　相続税の申告上は借金を相続していないと思っていても、免責されない場合、もし兄が払えなくなれば私が返さなくてはならないのでしょう。それは困るわ。
　もし、免責してもらえなかった場合に、何かよい方法はありますか。

**晶子税理士**

　ご安心ください。よい方法があります。
　免責に応じてくれない銀行からの借入金を返済するために、亮太郎さんに新しい取引先の銀行からお金を借りてもらうのです。借換えを行えば、お父様の時代の借金は完全に返済したことになりますので、潤子さんが借金の法定相続分を返す必要はなくなります。
　そのためには、借り換えができるほど安定した経営ができていることが大前提となりますね。

**福岡潤子さん**

　お2人の話を聞いて、父の借金に対する不安がとても薄まりました。どの方法を選ぶべきか、父と兄と自分で、納得いくまでよく話し合い、父亡き後も兄とはずっと仲良く生きていき、兄がしっかり守ってくれている実家に足しげく通い、子孫代々円満な家族関係でいられると嬉しいなと思います。兄さん、今日は一緒に来てくれてありがとう。先生方もありがとうございます。

## Point

① 借金は相続人全員が法定相続分の割合に応じて相続する
② 生前贈与で財産をもらっていても、生命保険金を受け取っても、相続を放棄すれば借金を承継することはない
③ 相続を放棄しない場合でも債権者と他の相続人との間で免責的債務引受契約を締結すれば、借金の支払義務を負担しなくともよい
④ 贈与税の計算には暦年課税と相続時精算課税の2つの制度がある
⑤ 暦年課税は分散して繰り返し贈与すれば相続より有利となることもある
⑥ 相続時精算課税は評価が変わらなければ、原則として相続した場合と税金負担は変わらず、基礎控除部分だけは無税となる
⑦ 相続税法上の債務控除は法定相続分にかかわらず、引受人から債務控除される

# 事例 13 | 会社活用による相続＆相続税対策

## 京都弘之さんの相談

　京都市に住む医師の京都弘之さんは、一昨年父親からクリニックビルなどの不動産を母親と共有で相続しましたが、金融資産は姉が相続したため、相続税を全額払えず一部を延納しています。クリニックの経営は順調ですが、延納の支払いや所得税等の負担で、資金繰りに四苦八苦しています。資金繰りの改善や将来の税金対策を会社活用で解決できる可能性があるとの情報を得た弘之さんは、どうすればよいかを、父親の遺産分割と相続税の申告でお世話になった晶子税理士と聡美弁護士に、母親と一緒に相談することにしました。

### 京都弘之さんの現況と財産の概況

　京都市に住む50歳の医師である京都弘之さんは、一昨年に父の急死で自身の経営するクリニックの建物とその敷地、及び賃貸不動産を母の美代さんと共有で、その他に美代さんは自宅、姉の友子さんは有価証券と現預金を相続することで遺産分割協議がまとまりました。なんとか自分の貯めてきたお金で相続税の一部を払い、残りは延納を選択して急場は凌ぎましたが、次の美代さんの相続の時には相続税が払えそうにありません。先日出席した医師会主催のセミナーで、同族会社を設立し、その会社に相続財産を譲渡すれば税金上の特例を活用することができ、弘之さんの所得税対策や将来の相続税対策にもなる可能性があるという情報を教えてもらいました。そこで、弘之さんは法律や税金を踏まえた上でどうすればよいかを、母親の美代さんと一緒に検討しています。

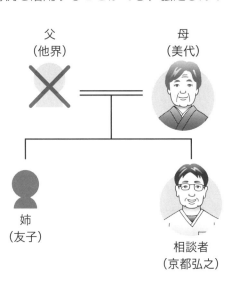

## 相続税の延納資金による資金繰りの確保

京都弘之さん

父の相続に際しては、お2人の先生にはお世話になり、とても感謝しています。あの時は晶子税理士からいろいろアドバイスを受けたにもかかわらず、父の急死で気が動転し焦っていろいろなことを勝手に決めたので、今頃になり延納資金の捻出に苦慮しています。母も心配してくれて、今日一緒に来てくれました。

母 美代さん

弘之はよく気の付く親思いの子で、医師として朝から晩まで働いているのに、私のことを気遣ってくれます。でも、今は夫の相続税を支払ったため、ほとんど預金を持っておりません。このままでは、私の相続に際しては到底相続税が払えないでしょうから、今のうちから手を打っておいてやりたいのです。そこで、どのように対処したらよいのかをお2人に相談しにまいりました。

晶子税理士

お2人とも、お父様の相続の時は本当にお疲れさまでした。お母様も80歳を過ぎていらっしゃいますし、弘之さんも貯蓄のほとんどがお父様の相続税で消えてしまいましたし、ちょっと戦略を練らないといけないですね。

聡美弁護士

遠方に住んでおられるお姉様もお母様の面倒を見てくださっている弘之さん夫妻に感謝しておられて仲の良い姉弟と思っておりますが、お母様が亡き後の相続ではどのように行動されるかは未知数ですし、取分なしというわけにもいきませんからね。

母 美代さん

そうなんですよね。私は夫から金融資産をほとんど相続しなかったので預貯金があまりありません。共有の不動産と自宅は弘之に相続させるつもりですが、姉の友子に何もなしというわけにはいかないし……。

わかっていますよ、母さん。私がある程度の代償金を払う必要があると思っています。ただ、相続税もかかるし、クリニックビルや自宅を売るわけにはいかないし、頭の痛い話ですが、どうしたらいいでしょうね。

　この間お話したように、会社を活用して資金を調達するのがよいのではないでしょうか。つまり、弘之さんが新会社を設立し、その新会社に弘之さんがお父様から相続されたクリニックや賃貸している不動産を譲渡するのです。
　この手法の大きなメリットは、代償金や相続税の納税資金については融資に積極的でない金融機関も、不動産の購入資金なら返済可能であることを条件に、融資をしてくれる可能性が高いことです。さらに、延納や代償金の利子についてはクリニックや不動産事業に直接要する費用ではありませんので、所得税の計算上必要経費とはなりません。多額の相続税の場合、延納利子も多額になりますので、せめて所得税の負担軽減にしたいものです。

　私は相続税と利子税の支払いに苦慮しており、せめて利子税くらい経費にならないのかと思っていましたので、まさに晶子税理士のご指摘どおりです。それが実現できる方法があるのですね。

## 会社を活用して延納利子を経費化する

　不動産や株式を同族法人に売却する手法を取ると、相続財産とはいえ、会社にとってはあくまでも不動産や株式の購入となりますので、そのための借入金の利息は業務上直接要した費用として損金に算入できます。
　また、相続人から見れば相続した不動産や株式を同族会社に売却した代金により相続税を納税できるのですから、延納する必要がなく利子税を支払わなくて済む、非常に合理的な方法です。

なるほど、その方法なら事前に私が準備しておくことができますから、私にとって安心できる方法といえますね。実行する際に、気を付けなければならないことはありませんか。

## 不動産の会社移転は譲渡所得税に要注意

ええ、まず譲渡所得税の負担に気を付けなければなりません。
不動産を会社に移転した場合、譲渡、現物出資等、どのような形を取ろうと譲渡所得税がかかることになります。不動産を譲渡した場合の長期譲渡に係る税率は20.315％の定率ではありますが、外部からお金が入るわけではありませんので、自分で何とか捻出する必要があります。

相続した不動産についても、譲渡所得の取扱いは同様ですか。相続の時は父が取得した価額でなく、相続税評価額で課税されているのですから取得価額は相続税評価額になるのではないでしょうか。

残念ながら税法上の取扱いは、相続した財産の取得費は被相続人の取得費を引き継ぎますので、いくらで相続したかは譲渡所得上、関係ないのです。よって、お父様の帳簿価額を引き継ぐことになりますが、弘之さんの場合、お父様が10年前に建てられたクリニックと5年前に建てられたアパートは残存の帳簿価額と時価がほぼ一緒と思われますので、譲渡にかかる税金の支払いの心配はいらないでしょう。

建物は問題ないので安心しましたが、土地は父より前の先祖伝来の土地ですが、この場合の譲渡所得に対する税金はどうなるのでしょうか。

そう、土地は要注意です。弘之さんの場合も、お父様が先祖代々引き継がれてきた土地を相続され、取得費は不明でしょうから、譲渡価額の5％とすることになるでしょう。そうすると、ほとんどは譲渡利益となり、譲渡所得税の負担は非常に重くなります。

晶子税理士

あらあら。せっかくいい方法だと思ったのに、そんな余分の税金がかかるのですか。晶子税理士、弘之は多額の相続税も払っているのに、何か税金上の特例はないのですか。

母 美代さん

## 相続税の申告期限後3年以内の不動産の譲渡についての課税

ありますよ。相続税の申告期限から3年以内に相続した財産を譲渡した場合に限り、譲渡した資産に係る相続税を取得費に加算するという特例があります。この特例は相続した財産の売却に係る譲渡所得税を計算するときに、売却した財産に係る相続税を取得費に加算して譲渡利益を算出し、税金を計算する制度です。

晶子税理士

誰に売ってもよいのですか。晶子税理士の提案によると、私の売る相手は私の作った会社でしょう。それでもかまわないのですか。

京都弘之さん

この特例は同族会社に譲渡しても適用できますので、会社に相続した土地を譲渡し、その譲渡益から譲渡した土地にかかる相続税額を控除することにより、軽い税負担で相続した土地を同族会社に移転することができるチャンスといえるのです。

晶子税理士

それはありがたいです。相続した不動産には借入金もないので、ぜひ実行したいと思います。ただ、不動産は母が60％、私が40％の割合で相続していますので、母の不動産も一緒に会社に譲渡したらよいのではないでしょうか。

京都弘之さん

お母様は配偶者の税額軽減の適用を受け相続税は払っておられないので、残念ながら、この特例の対象外です。土地は譲渡益が発生しますので、先ほどご説明しましたように、譲渡益の発生しないクリニックとアパートの建物のみの譲渡をされてはいかがでしょうか。

そうですね、余分な税金はなるべく払いたくないので、私は建物だけにします。相続税は払っていないのですから、当たり前なのですが残念な気がします。

弘之さん、ただし、この方法には大きなデメリットがありますのでご注意ください。

どういうことですか。いいことだらけだと思ってましたが、何か落とし穴があるのですか。気になるので詳しく教えてください。

## 不動産の譲渡により相続財産が増えることも

不動産の相続税評価額と時価との間には大きな乖離があるので、資産家の方が相続税対策のために、賃貸建物を建てたり、収益不動産を買われているのはご存じだと思います。

はい。私でも知っています。夫は持っている預金で相続税対策のために、駐車場だった土地にアパートを建てたと言ってました。
晶子税理士も、アパートを建てた結果、大きく相続税が下がっていると教えてくださいましたよ。

はい、本当に相続税は減少していましたよ。ところが、この、会社に不動産を移転するということはその逆が起こるのです。

例えば、アパートを会社に売るときは時価で売らないと、時価との差額に余分な法人税がかかることになりますので、一般的には時価で譲渡します。

すると、お母様の財産は建物から時価としての譲渡代金に変わります。建物の相続税評価額は固定資産税評価額となっており、賃貸しているとさらに貸家として借家権割合30％が控除されますので、お母様の場合は時価としての譲渡代金は今の建物の相続税評価額の2倍近くになることが予想され、移転前と比べると課税相続財産が増えることになります。

あらあら、弘之の場合にはお金もいるし、利子が経費に落ちるからいいけど、私はそれなら、売らないほうがいいのではないかしら。

## 現物出資にすると3年経てば相続税評価額に

そうならないようにお母様には現物出資という方法をおすすめしたいのです。現物出資という方法は、建物を新会社に渡す代わりにお母様に新会社の株式を渡すという、物々交換の方法です。この方法で実行すると、お母様の財産は建物から譲渡代金でなく、同族会社の株式に転換することになります。

現物出資して、私の建物が株式になると、相続税評価額はどうなるのですか。譲渡代金で持っているのと同族会社の株式で持っているのとでは相続税評価額が異なるということでしょうか。

晶子税理士

　そうです。では、まず簡単に会社の株式の相続税評価額の計算方法をお話します。株式の評価をする際、不動産等を取得した場合は土地・建物は相続税評価額で評価し、借入金を負債として債務控除します。土地は貸家建付地、建物は貸家評価となり、取得価額と比べると評価額は下がることになります。

　会社で不動産を取得しても、個人で不動産を取得しても、相続税評価の方法は、原則同様であるということですね。よくわかりました。

京都弘之さん

晶子税理士

　いいえ、残念なことが１つだけあります。
　会社が新規に取得した土地・建物の評価は個人と相違して、まだ相続税対策の防止のため３年規制が残ったままです。つまり、不動産を取得して３年以内は、その不動産は相続税評価額ではなく、取引価額により評価しなければならないとされています。よって、一般的には３年間は、取引価額と差異がない帳簿価額で評価することになりますので、不動産の相続税評価額は下がらず、個人で不動産として所有しているより会社の株式で所有している方が相続税評価額が高くなることが多いのです。

　なるほど！　会社に譲渡してから３年間は効果がないどころか、反対に相続財産が増えることにもなりかねないというわけですね。

京都弘之さん

晶子税理士

　まさに、そうです。ただし、不動産を取得して３年経過するとこの規制はなくなり、不動産も相続税評価により評価することができるようになるので、新会社の株式評価額については個人で所有していた時と同様の評価に戻ることになるのです。会社の資産状況にもよりますが、設立して３年経ちますと、類似業種比準価額も使える可能性が高く、個人で不動産を所有しているより有利になるケースがほとんどです。
　お母様が３年以上、元気でいてくださるかどうかが大きなポイントです。

京都弘之さん

姉にも遺産分けがしやすいので、母の財産はなるべく現金化したいと思っていたのですが、それは相続税を増やすことになるのがわかりました。教えてくださった現物出資という方法を実行したとしても3年以内に相続が発生したら相続税は増えますからね。母さんが長生きしてくれるかどうかにかかっているんだなあ。

母 美代さん

何を言ってるのですか？ 私は美味しいものをいただき、よく眠り、あなたも医師として私の健康について細やかな心くばりをしてくれているから、達者で長生きできますよ。この間も健康診断で総合診断してくださったドクターが100歳まで大丈夫ですと、冗談を言ってくださるくらい元気ですから、3年なんて大丈夫です。

晶子税理士

弘之さん、3年以内の相続の場合の相続税増加のリスクを覚悟されるなら、お母様がああおっしゃってくださるから実行されてもよいのではないでしょうか。現物出資の場合、3年経てば相続税対策になる可能性が、非常に高いのですから。

京都弘之さん

そうですね。3年なんて、あっという間のような気がしてきました。では、個人の建物を会社に移転した時の相続税や所得税の税金上のメリットを教えてください。

## 会社活用で個人財産の蓄積を防ぐ

晶子税理士

個人が高収益の賃貸物件を所有している場合、その収益が個人の財産として累積していくことになり、結果として将来の相続税が増加していくことになります。会社を設立して、これらの不動産を弘之さんやお母様から移転すると、それ以後の賃貸収入は会社のものとなり財産移転対策が始まり、お2人の相続財産が増加することはなくなり、会社に収益が累積することになります。

なるほど。お金は私にたまらず、会社にたまるから、私の相続財産が増えないのですね。長生きしても安心なのが気に入りました。

母 美代さん

私は個人開業医なので所得税も非常に高く感じられるのですが、不動産所得はその事業所得に上乗せでしょう。新会社に私の不動産を移転すれば少しは節税になりますか。

京都弘之さん

晶子税理士

はい。賃料等は本来所有者自身に帰属し、高額所得者の場合、所得税負担が重いのですが、不動産を会社に移転し、所得の少ない親族、弘之さんの場合は奥様やお母様が会社の役員や従業員として不動産管理の仕事をして報酬・給与を受け取ると、結果的に資金を親族に移転するとともに、所得税負担が減少することになります。

ただし、会社の事業に従事していなければ課税上の取扱いとして、役員報酬や給与等は損金算入できず、法人税と所得税の二重課税になってしまうことに注意してください。

【資金確保対策のために会社を活用】

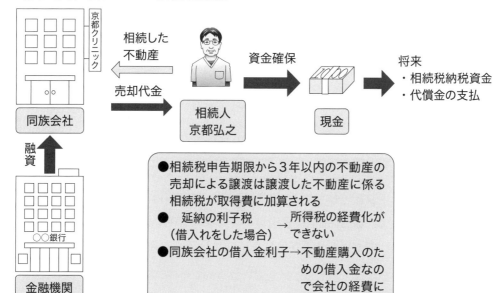

京都弘之さん

　なるほど、不動産を会社に移転することは、長期的な展望に立つと所得税対策と相続税対策の２つの効果があるのですね。母もまだまだ長生きしてくれると言ってますので、移すことによる相続財産増加リスクを軽減するため、母の建物は現物出資による方法で、私の不動産は金融機関からの借入金による取得という方法で、会社に移転したいと思います。この方法の実行に際しては、どういうことに気を付ければよいのでしょうか。

晶子税理士

　何よりも注意すべき点は、会社が借入金で不動産を購入した場合には、その会社がきちんと借入金を返済できる利益を出している必要があることです。
　弘之さんの京都クリニックビルの場合は、会社所有になると弘之さんが賃借人として家賃を払いますので、クリニックが繁盛している限りは診療報酬から家賃がきちんと入ってくるので安心です。本質は事業所得から将来の相続税や代償金を分割払いしているにもかかわらず、形式上はクリニックが家賃を支払い、家賃をもらった会社が取得資金を返済していることになるのです。また、建てて10年経っていますのでクリニックビルの減価償却費が減少してきており、会社に家賃を支払うことになれば、事業所得の経費が増加して弘之さんの高い所得税が減少するので資金収支上も非常に有利です。

京都弘之さん

　そうか。私が会社からクリニックを賃貸することになるのだから、クリニックを続ける限り、家賃を経費とすることができることになり賢い方法といえますね。アパートを建てた時の借金も相続していますが、銀行については心配はいりませんか。

晶子税理士

　アパートについても60％はお母様の現物出資で、40％部分が借入金なので、60％も空室が出ないでしょうから、返済が滞る心配もないため、金融機関も債務者変更に同意してくれるでしょう。

私のクリニック経営もまだまだ繁盛させるつもりですし、父の遺してくれたアパートも人気が高いので、この方法は問題がないと思います。次世代の私の相続のことも考えると、会社って本当にいろいろなことができるのですね。

京都弘之さん

## 会社を活用して相続と相続税に備える

晶子税理士

　さらにいいことは、会社には相続がないのです。だって、会社自体は亡くならないからです。所有している会社の株式は相続税の課税対象とされますが、その対策は長期間かければ、土地や建物などより容易に費用も少なく贈与することで解決できるからです。

　ただ、会社設立の場合には様々な費用がかかりますし、個人の場合以上に経理をしっかりしなければなりません。その点は覚悟しておいてください。

### 【会社設立のメリット】

| | |
|---|---|
| 相続対策 | ・本来不動産所有者に入る収入が会社に入り、個人財産の蓄積を防ぐことができる<br>・出資や贈与等により、株主を将来の被相続人以外にしておけば、会社に相続税はない<br>・不動産を贈与するより出資持分を贈与する方が、コストもかからず容易にできる<br>・会社に収益力をつけることができれば、会社を通して相続税の納税資金の準備ができる<br>・会社で生命保険に加入し、その生命保険金を原資に退職金を支給して相続税の納税資金にできる |
| 所得税対策 | ・不動産所得者が高所得のときには、分散することで税率が低くなる<br>・業務従事の実態さえあれば所得を数人に分散することができる<br>・生命保険の掛金、土地取得借入金利息、その他経営上必要な出費は会社で費用にできる<br>・個人の場合は欠損金の繰越しや損益通算にはさまざまな制限があるが、会社の場合は欠損金を最長10年間繰り越すことができ、損益通算も可能である |

母 美代さん

　今の私なら、今日のお話はよく理解できますが、私の心配はこの頃いろんなことを忘れてしまう時があることです。何年か経って物忘れがひどくなったり、万が一認知症になった時、今の個人所有のままと、会社に不動産を移した場合とでは、どう違うのでしょうか。

聡美弁護士

　認知症といっても様々なレベルがあります。もし、認知症になり、物事の是非を判断する能力までが失われたと見られるような状態になれば、その人は「意思能力」を喪失したものとして、有効な法律行為をすることができなくなります。つまり、個人所有のままで所有者に意思能力がないと判断された場合、不動産を売却したり、大規模な改築をしたり、不動産を担保にしてお金を借りたりということ等、様々な契約をすることができなくなってしまいます。

京都弘之さん

　契約が一切できなくなるといっても、実際にその人が不動産を担保に入れる契約書に署名捺印をしてしまったときにはどうなるのですか。

聡美弁護士

　たしかに、意思能力のない人であっても契約を締結することはあります。ただし、仮に意思能力のない人が契約書に署名捺印したとしても、その契約は無効とされてしまいます。これは意思能力のない人を保護するための措置なのです。

晶子税理士

　例えば意思能力のない人が贈与したとします。贈与も契約ですから無効だったということになり、成立しません。親から預金の管理を任されていた子が、親の意思能力がなくなっているにもかかわらず、孫の口座に毎年振り込みを続け、孫が贈与税を払っていたとしても贈与は成立せず、場合によっては横領罪とされかねません。この場合は、返還請求権として、相続財産に戻され相続税が課税されますのでご注意ください。

母 美代さん

　クリニックビルとアパートの私の持分は60％と過半数を所有していますので、今でも私の意見が尊重され不動産経営が行われています。よく物忘れして管理会社ともめてしまうこともあるのですが、このように会社組織にしておくと、何年かして万一、私が認知症になった場合でも問題はそんなに起きないと考えてよいということですか。

聡美弁護士

　はい、原則として大丈夫です。
　判断能力のあるうちに、現在所有しておられる不動産を、新しく設立した会社に現物出資すると、新会社に所有権を移転した不動産の価値に相当するその会社の株式を得ることになります。不動産は個人の所有から新会社の所有に切り替わるわけです。
　その後の不動産の管理・運用等の取引を行うのは、元の所有者であった現物出資者ではなく、会社です。ですから、現物出資後に株主である美代さんが認知症になり意思能力を喪失したとしても、会社は取引が制限されるわけではありません。
　さらに、会社が利益を上げた場合には配当が行われ、現物出資をした人がその配当金をもらうことになりますので、万一の場合にも会社組織であれば、金銭面も安心ということになります。

京都弘之さん

　なるほど、それは助かります。こんなしっかりしている母さんが認知症になるとは思わないけど、何があるかわからないから備えがあると安心です。
　会社を設立し不動産を移すことまではよくわかりましたが、不動産移転の手続やその後の会社運営はどうしたらよいのでしょうか。

## 会社設立後の留意点と手続き

晶子税理士

　個人が同族会社に不動産を売却する上での留意点を表にまとめました。参考にしてください。
　これらの留意点は税務上否認を受けないようにする上で欠かせません。

**【同族会社に不動産を売却する際の留意点】**

| |
|---|
| （1）税務上適正な土地・建物の取引価額でなければならない |
| （2）売買の場合にはきちんとした手続が重要<br>　①テナントとの賃貸借契約のスムーズな移行<br>　②敷金や保証金などの引き継ぎ<br>　③適正な売買契約書の作成<br>　④土地・建物の所有権移転登記の実行 |
| （3）不動産所有会社独自の書類整備<br>　①清掃チェック表<br>　②入居者一覧表<br>　③家賃・地代入金管理表<br>　④入居者募集・案内記録簿 |

　同族会社に不動産を売却する場合の注意点はよくわかりましたが、会社組織にするのを自分でやると、様々な手間がかかってたいへんですね。

― 京都弘之さん

聡美弁護士

　そうなんです。完全な第三者との契約は口頭であっても、お互い利益が相反していますから、契約書がなくともその内容を主張しやすいのですが、同族会社の場合はお手盛りだと思われ、課税当局や法務局に厳しくチェックされるので、きちんとした書類作成や手続きをしておくべきです。
　ただ、ご依頼さえいただければ、売買関係の書類作成や手続、会社の管理契約などについてもお手伝いいたしますし、信頼できる司法書士や不動産業者などもご紹介いたしますので、ご安心ください。

　私は相続税のことも考えると、現物出資という少し難しい方法がいいそうですが、この方法も弘之の方法と同様に考えればよいのですか。

― 母 美代さん

聡美弁護士　譲渡ではなく現物出資なので少し手続が違い、煩雑になりますがご心配には及びません。ただ、お母様の場合は建物だけの移転で、土地は移転しないので少し注意が必要です。

母 美代さん　そう、私も不思議だったの。建物だけ会社に渡すと、土地はどうなるんだろうって。弘之はどう思ってました？

京都弘之さん　母さんって凄いなあ。私は今までそんなことに気が付きませんでした。土地が個人の持物で、上に建っている建物が会社所有の場合は、税務上の対応が必要だと思います。

晶子税理士　本当に、お母様はよくわかってらっしゃいますね。まさにそこがポイントです。

個人所有の土地を会社が借りて建物を建てているとなると、借地権課税の問題と地代の問題が発生します。権利金を支払わず会社が建物を購入する場合には、原則として会社に地主が借地権を贈与したことになり、多額の法人税がかかるのです。

京都弘之さん　おっと、それは困ります。私の譲渡所得税だけでも大変なのに、法人税まで払えませんよ。どう対処すればよいのでしょうか。

晶子税理士　同族会社ですから、わざわざ権利金は払う必要はないでしょう。権利金を支払わず、かつ借地権の認定を受け法人税が課税されないように、賃貸借契約では契約期間の終了時に土地を無償で返還することとし、所轄税務署長に「土地の無償返還に関する届出」を提出するとともに、支払地代も通常の地代を支払っておけば税務上も問題ありません。

きちんと課税当局に届出さえしておけば、法人税がかからない方法があるのがわかって安心しました。
　ただ、今教えてくださった通常の地代っていくらくらいのことですか。

　まさに、法人税法上の概念で、近隣相場と思ってください。ただし、地代の近隣相場なんて普通の人はわからないので、法人税の通達による算式、「相続税評価額×（1－借地権割合）×6％」で計算するとよいでしょう。

　無償返還の届出とか、通常の地代とか、よくわかりませんので、晶子税理士に計算し書類を作っていただいて、私たちにわかるように説明の上、課税当局に提出いただけたらと思います。

　もちろんです。会社の設立から一連の手続は手間がかかり難しい点もありますから、お任せいただけたら大丈夫です。

　私にもし相続が発生したら、会社に賃貸している土地の評価はどうなるのですか。弘之の相続税の負担はなるべく軽くしてやりたいのですが、その方法でも問題がないのか心配になってきました。

　無償返還の届出による賃貸借契約により、土地を会社に賃貸借した場合には、土地の相続税評価額は自用地価額より20％減額されます。個人で所有している場合の相続税の評価減とほぼ一緒ですから、ご安心ください。ただし、その20％の評価部分は同族会社の株式評価をする際には、資産に計上されることもあります。

自用地として100％評価されるわけでなく、20％評価額が下がるなら、たしかに貸家建付地の評価と変わらないね。私のクリニックの敷地の場合は、今まで私が使っていたので自用地だったのが20％減額されるので、相続税評価は下がることになって、有利になります。
京都弘之さん

晶子税理士
　このように、会社を活用することにより弘之さんの悩みが解決する方法がありますので、これからお母様も含めて一緒にじっくり検討しましょう。

　本当に、今日一緒に来ていろいろ聞かせていただいてよかったわ。いろいろな方法があることがわかって、気持ちが明るくなってきました。
母 美代さん

　晶子税理士と聡美弁護士の説明を聞いて、ようやくきちんとメリット、デメリットを理解することができました。母も直接聞いて安心したようです。母の同意を得た上で会社を設立し、不動産を移転したいと思っています。不安だった相続税が増えるという点についても、母が3年以上元気でいてくれるならば解決できるので、大切なことはなるべく早く実行することだとわかりました。家族でよく話し合って、今度は姉も一緒に3人で先生方に様々な手続の相談に寄せていただきますので、よろしくお願いします。
京都弘之さん

## Point

① 同族会社に相続財産を譲渡すればその代金で相続税が払える
② 延納の利子は経費にならないが会社の借入の利子は経費になる
③ 相続税申告期限後3年以内の譲渡の場合、譲渡資産にかかる相続税は取得費に加算できる
④ 不動産の譲渡のみの場合、相続税が増えることもあるが、現物出資にすると3年経過すれば相続税評価に戻るのでリスクが低い
⑤ 会社に収益物件を移転すれば個人財産の蓄積を防げ、相続と相続税の長期的な対策になる
⑥ 同族会社と個人の不動産や金銭の貸借や譲渡の契約や手続をきちんとすることが重要

# 著者プロフィール

代表社員／税理士

つぼ　た　あき　こ
**坪多　晶子**

《略歴》
京都市出身。大阪府立茨木高校卒業。神戸商科大学卒業。1990年坪多税理士事務所設立。
1990年　有限会社　トータルマネジメントブレーン設立、代表取締役に就任。
2012年　税理士法人 トータルマネジメントブレーン設立。代表社員に就任。
上場会社の非常勤監査役やNPO法人の理事及び監事等を歴任、現在TKC全国会中央研修所租税法研修小委員長、TKC全国会資産対策研究会副代表幹事。上場会社や中小企業の資本政策、資産家や企業オーナーの資産承継や事業承継、さらに税務や相続対策などのコンサルティングには、顧客の満足度が高いと定評がある。また、全国で講演活動を行っており、各種税務に関する書籍も多数執筆。

《著書》
『新版　なるほど！ そうなのか！ 図解でわかる不動産オーナーの相続対策』（清文社）共著
『もめない相続　困らない相続税－事例で学ぶ幸せへのパスポート－』（清文社）共著
『成功する事業承継Q&A150 ～遺言書・遺留分の民法改正から自社株対策、法人・個人の納税猶予まで徹底解説～』（清文社）
『資産家のための　かしこい遺言書－幸せを呼ぶ20の法則－』（清文社）共著
『弁護士×税理士と学ぶ"争族"にならないための法務と税務［令和6年民法・税法・登記法版］』（ぎょうせい）共著
『賢い生前贈与と税務Q＆A』（ぎょうせい）
『相続税を考慮した遺言書作成マニュアル～弁護士×税理士がアドバイス！～』（日本法令）共著
『事例でわかる　生前贈与の税務と法務』（日本加除出版）共著
『これで解決！困った老朽貸家・貸地問題』（清文社）共著
『Q&A115　新時代の生前贈与と税務』（ぎょうせい）
『すぐわかる　よくわかる　税制改正のポイント』（TKC出版）共著
『資産家のための　民法大改正　徹底活用－相続法・債権法＆税金－』（清文社）共著
他多数

《主宰会社》
税理士法人　トータルマネジメントブレーン
有限会社　トータルマネジメントブレーン
〒530-0045　大阪市北区天神西町5-17 アクティ南森町6階
　　　　　　　TEL 06-6361-8301　FAX 06-6361-8302
メールアドレス　tmb@tkcnf.or.jp
ホームページ　https://www.tsubota-tmb.co.jp

弁護士

# 坪多　聡美
（つぼた　さとみ）

《略歴》
2008年3月　同志社大学法学部卒業。
2010年3月　京都大学法科大学院修了。
2010年9月　司法試験合格。
2012年1月　大阪弁護士会登録。
2016年6月　坪多法律事務所設立。

現在、遺産相続や不動産トラブルの分野を得意とし、弁護士としては数少ない租税法の分野でも活躍している。このように税に絡んだ幅広い知識で相談案件を解決するとともに、これらの分野に関する講演活動も種々行っており、各種法務に関する書籍や論文も多数執筆。

《著書》
『もめない相続　困らない相続税－事例で学ぶ幸せへのパスポート－』（清文社）共著
『資産家のための　かしこい遺言書－幸せを呼ぶ20の法則－』（清文社）共著
『弁護士×税理士と学ぶ"争族"にならないための法務と税務［令和6年民法・税法・登記法版］』（ぎょうせい）共著
『相続税を考慮した遺言書作成マニュアル～弁護士×税理士がアドバイス！～』（日本法令）共著
『事例でわかる　生前贈与の税務と法務』（日本加除出版）共著
『資産家タイプ別　相続税節税マニュアル』（ぎょうせい）共著
『生前から備える財産承継・遺言書作成マニュアル』（ぎょうせい）共著
『遺言相続の落とし穴』（大阪弁護士協同組合）共著
他多数

《事務所》
坪多法律事務所
〒530-0045　大阪市北区天神西町5-17　アクティ南森町301
　　　　　　　TEL　06-6131-2365　FAX　06-6131-2366
ホームページ　　https://www.tsubota-tmb.co.jp

## みんなが納得！ 家族で考える財産承継
### 〜相続専門税理士×弁護士に本気で聞く解決策〜

2024年12月12日　発行

著　者　坪多　晶子／坪多　聡美　ⓒ

発行者　小泉　定裕

発行所　株式会社 清文社
　　　　東京都文京区小石川1丁目3-25（小石川大国ビル）
　　　　〒112-0002　電話 03(4332)1375　FAX 03(4332)1376
　　　　大阪市北区天神橋2丁目北2-6（大和南森町ビル）
　　　　〒530-0041　電話 06(6135)4050　FAX 06(6135)4059
　　　　URL　https://www.skattsei.co.jp/

印刷・製本　㈱太洋社

■著作権法により無断複写複製は禁止されています。落丁本・乱丁本はお取り替えします。
■本書の内容に関するお問い合わせは編集部までFAX（06-6135-4056）又はメール（edit-w@skattsei.co.jp）でお願いします。
■本書の追録情報等は、当社ホームページ（https://www.skattsei.co.jp/）をご覧ください。

ISBN 978-4-433-75234-7